aprende a dibujar

Personajes lindos
50

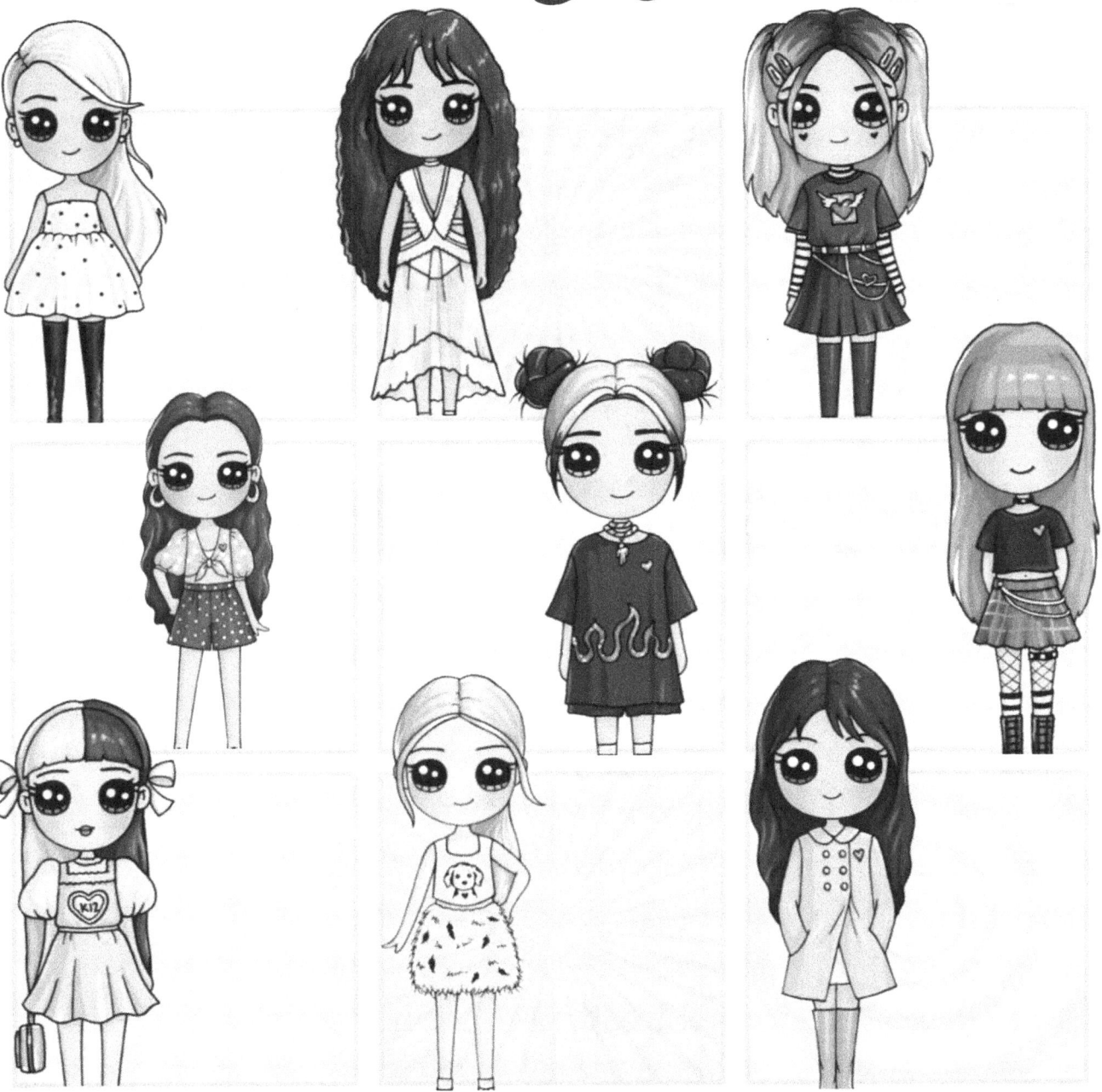

Barbara Press

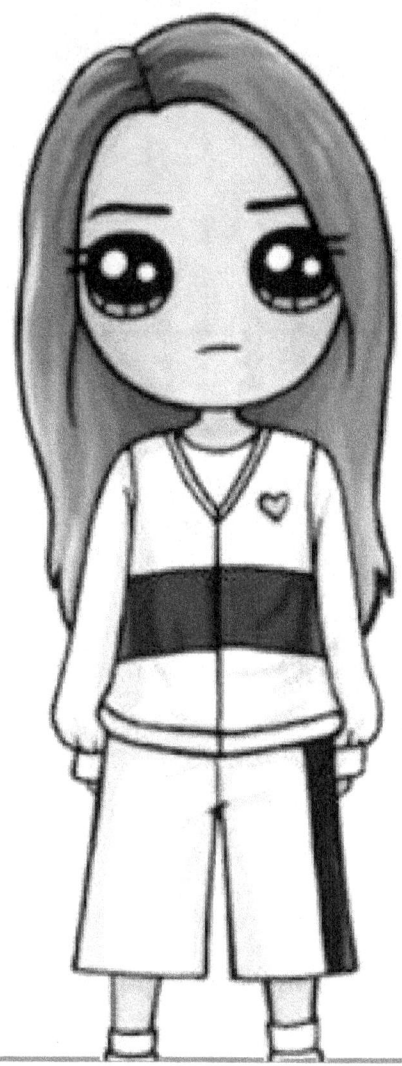

ESTE LIBRO PERTENECE A:

....

....

Personajes lindos

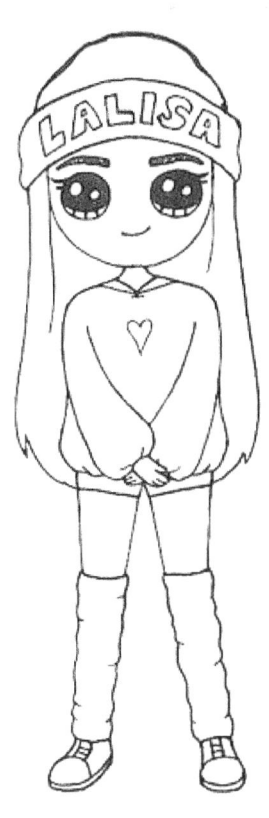 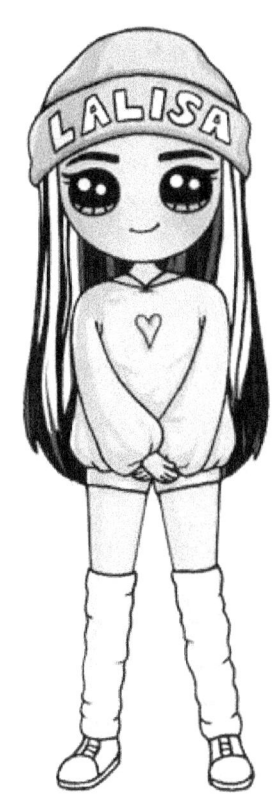

Como usar este libro, Todo lo que necesitas para comenzar es una hoja de papel, un lápiz y una goma de borrar, pero siéntete libre de usar cualquier herramienta que quieras para dibujar los personajes más lindos y puedes nombrarlos después de dibujarlos en las páginas de capacitación.

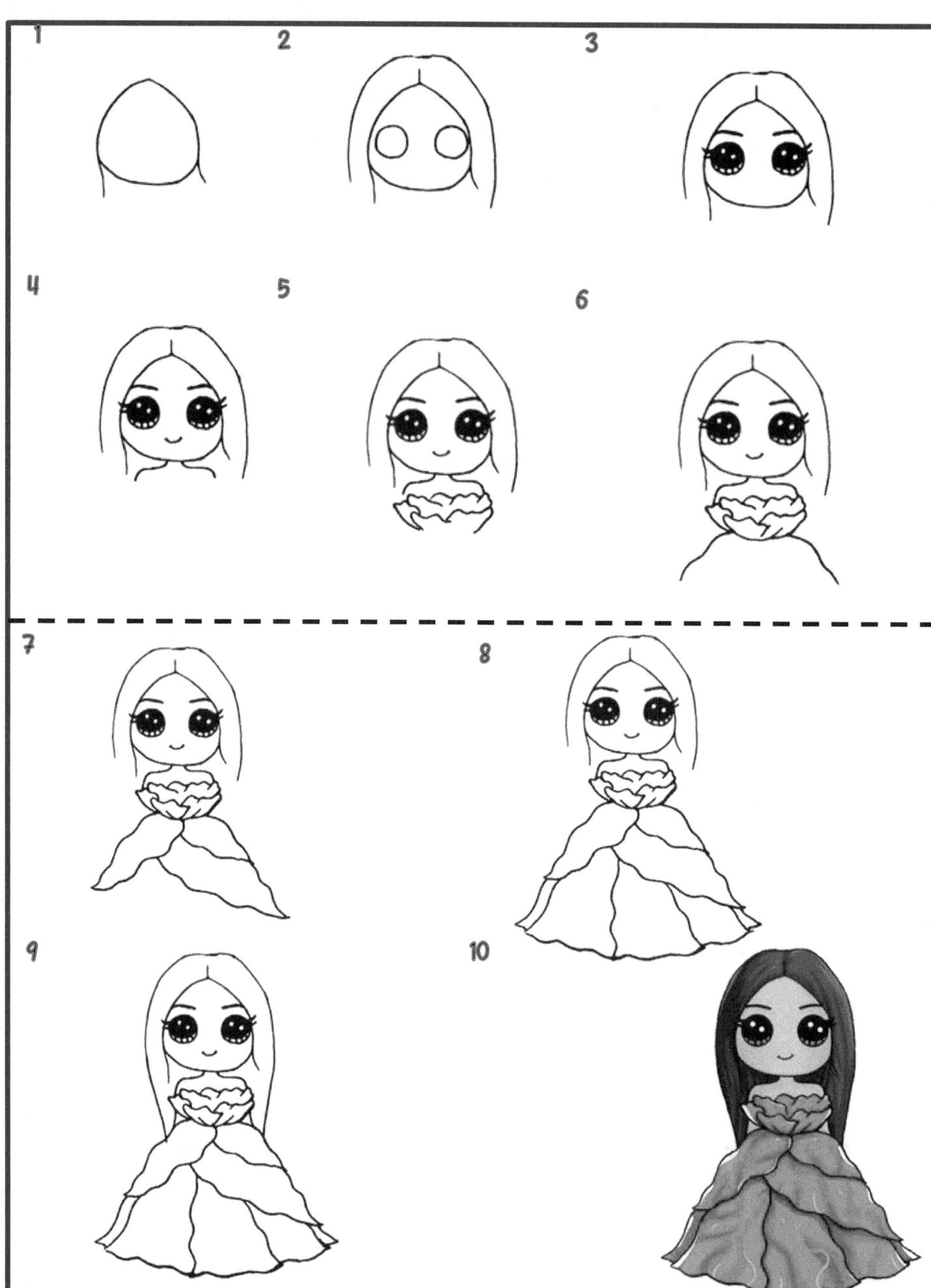

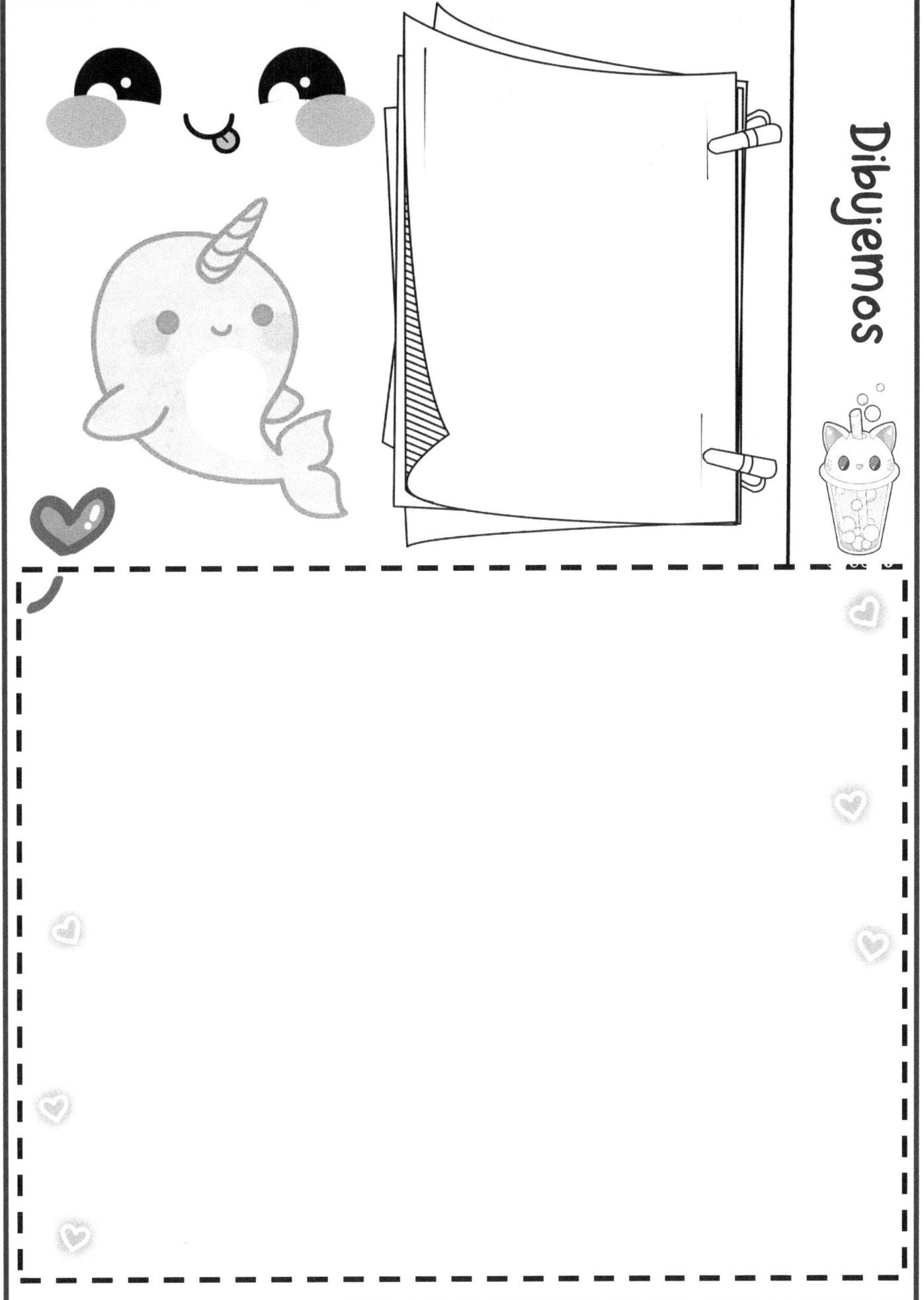

Dibujemos

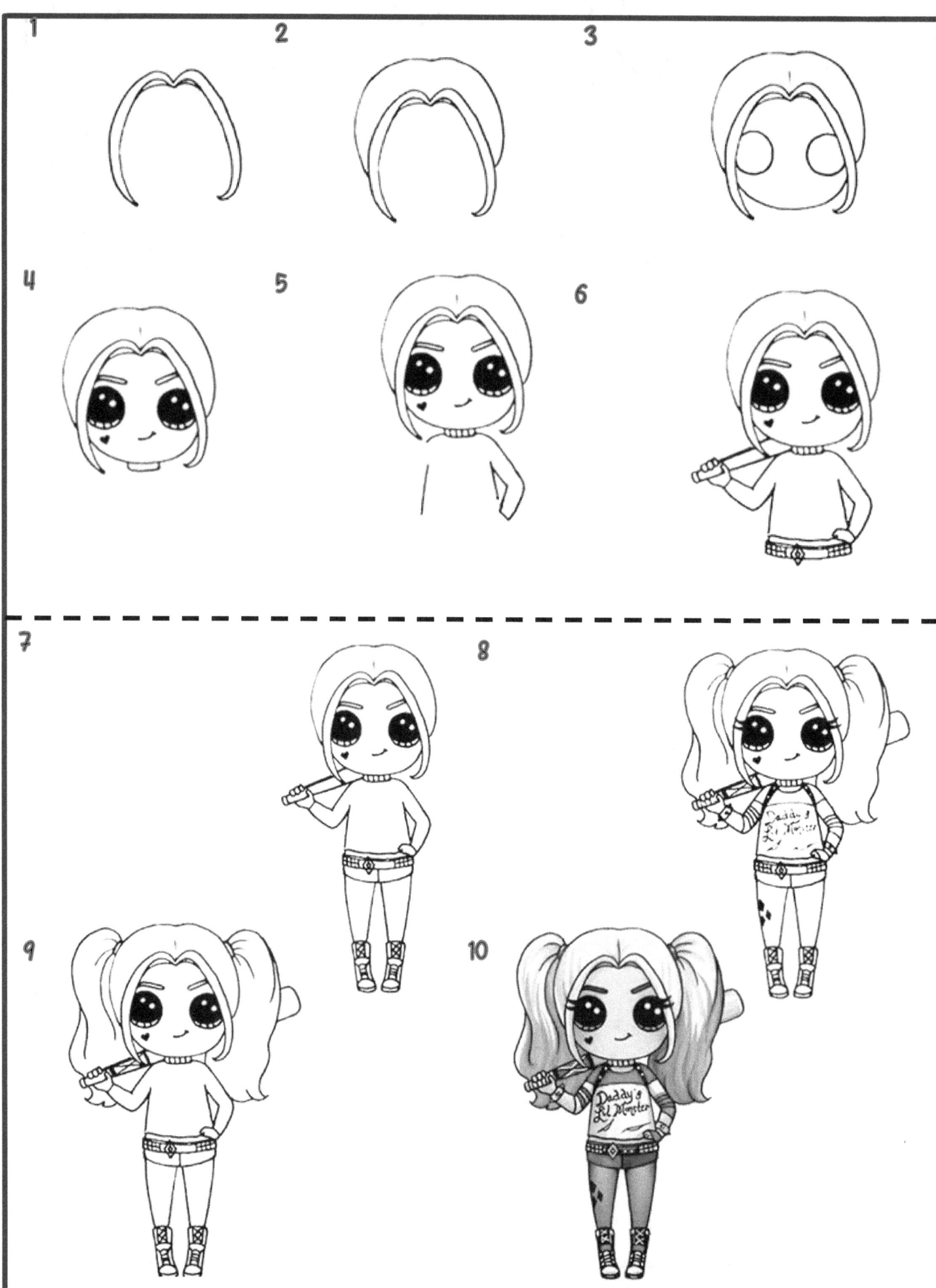

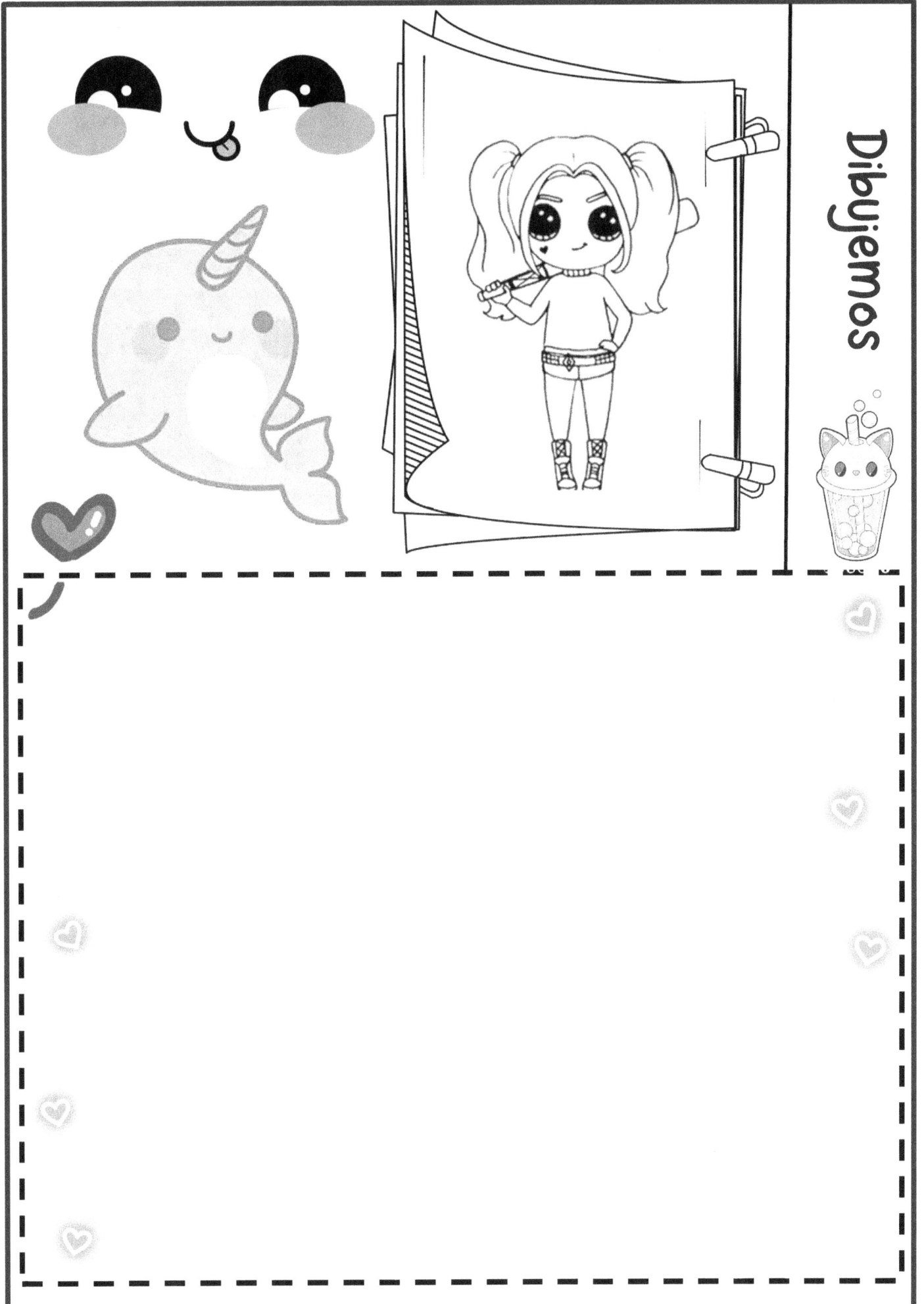

Dibujemos

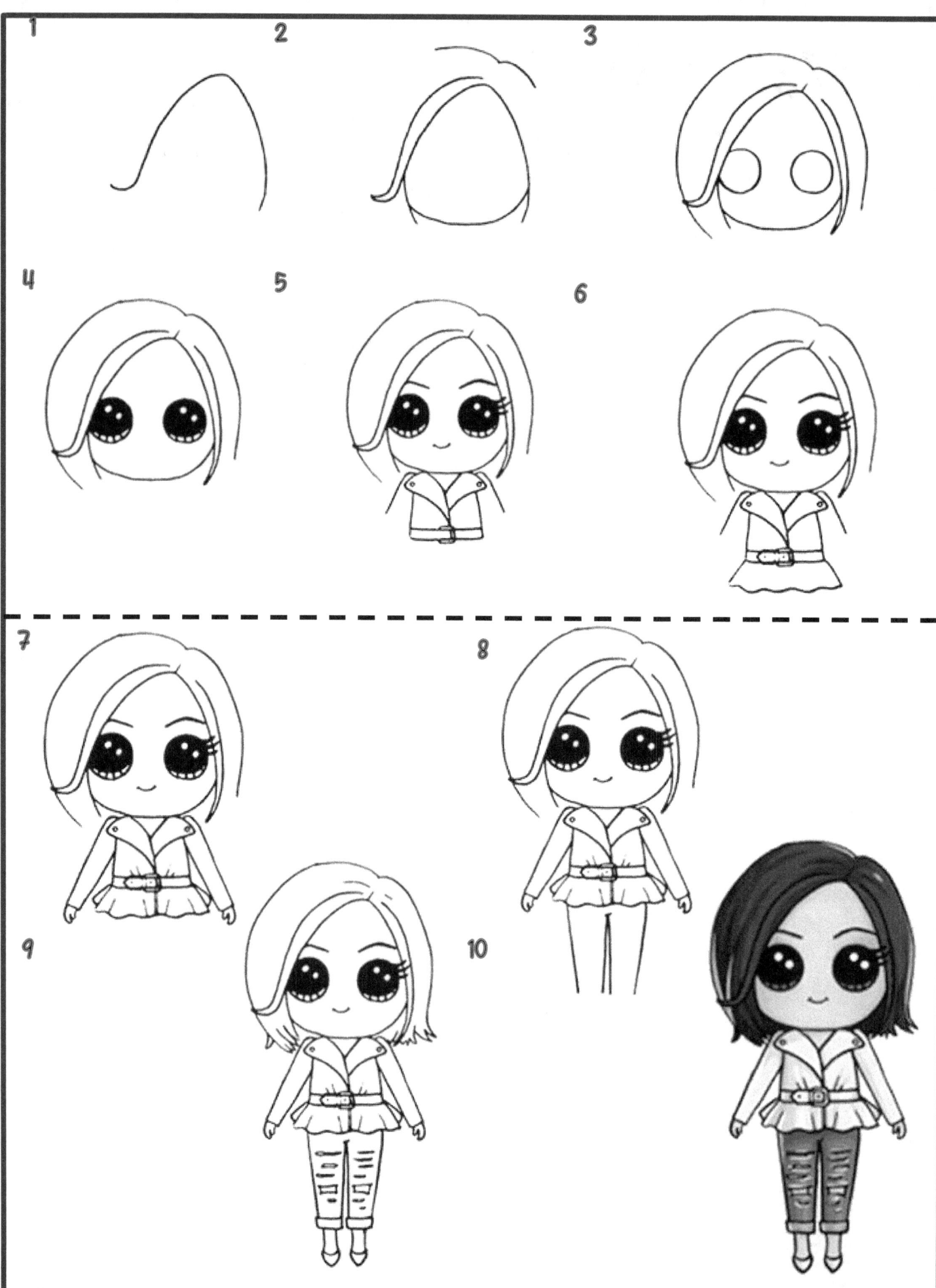

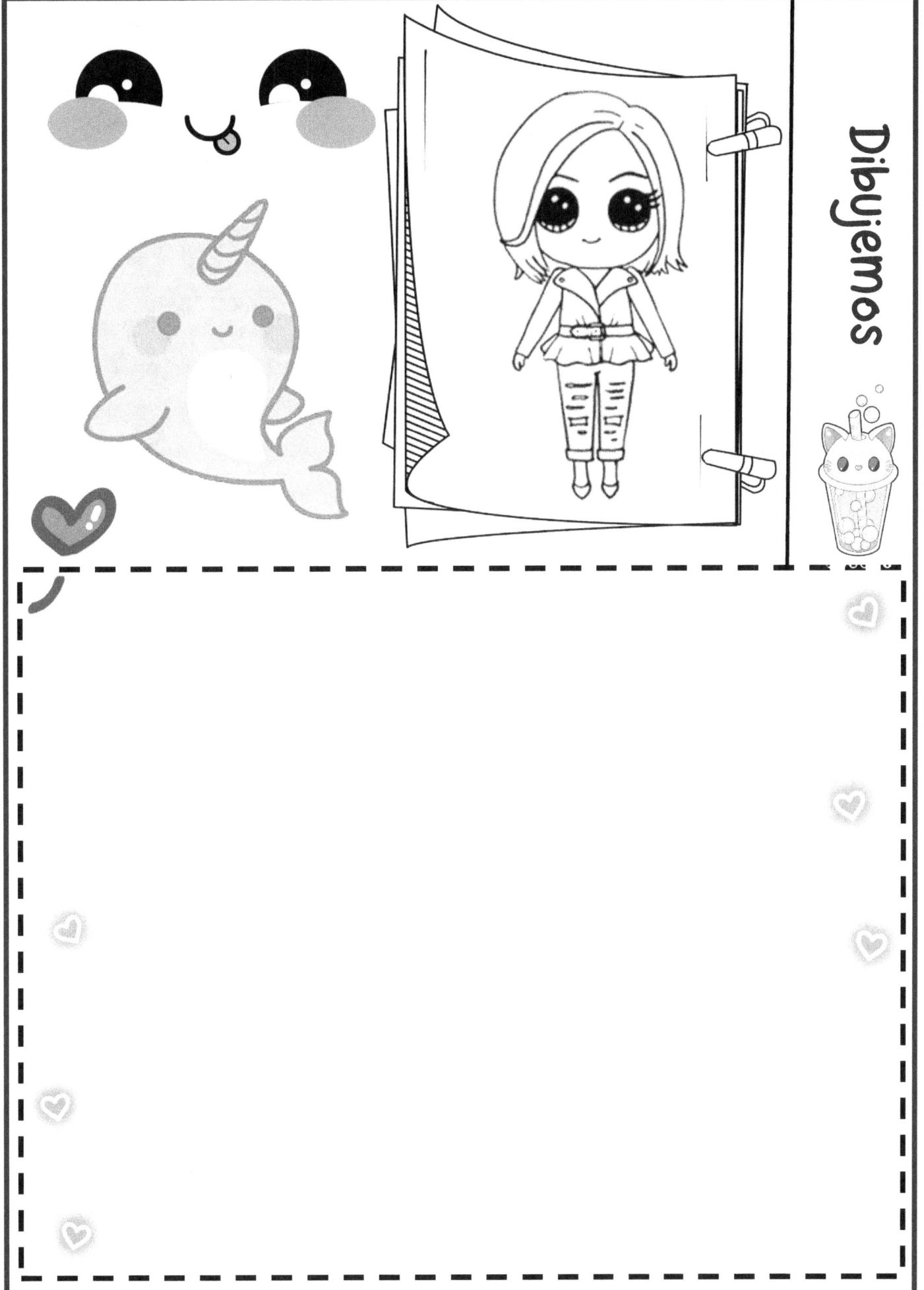

Dibujemos

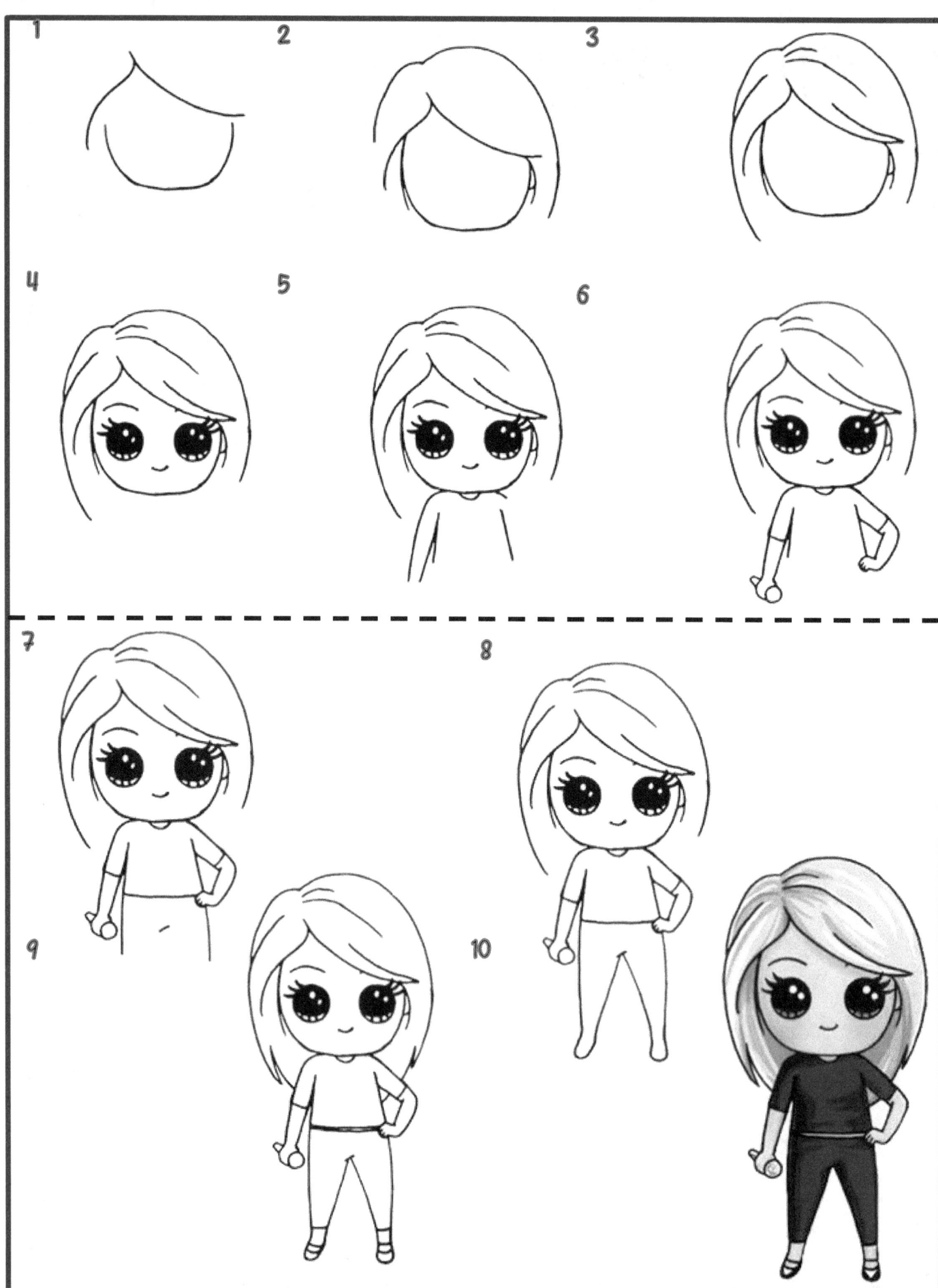

1

2

3

4

5

6

7

8

9

10

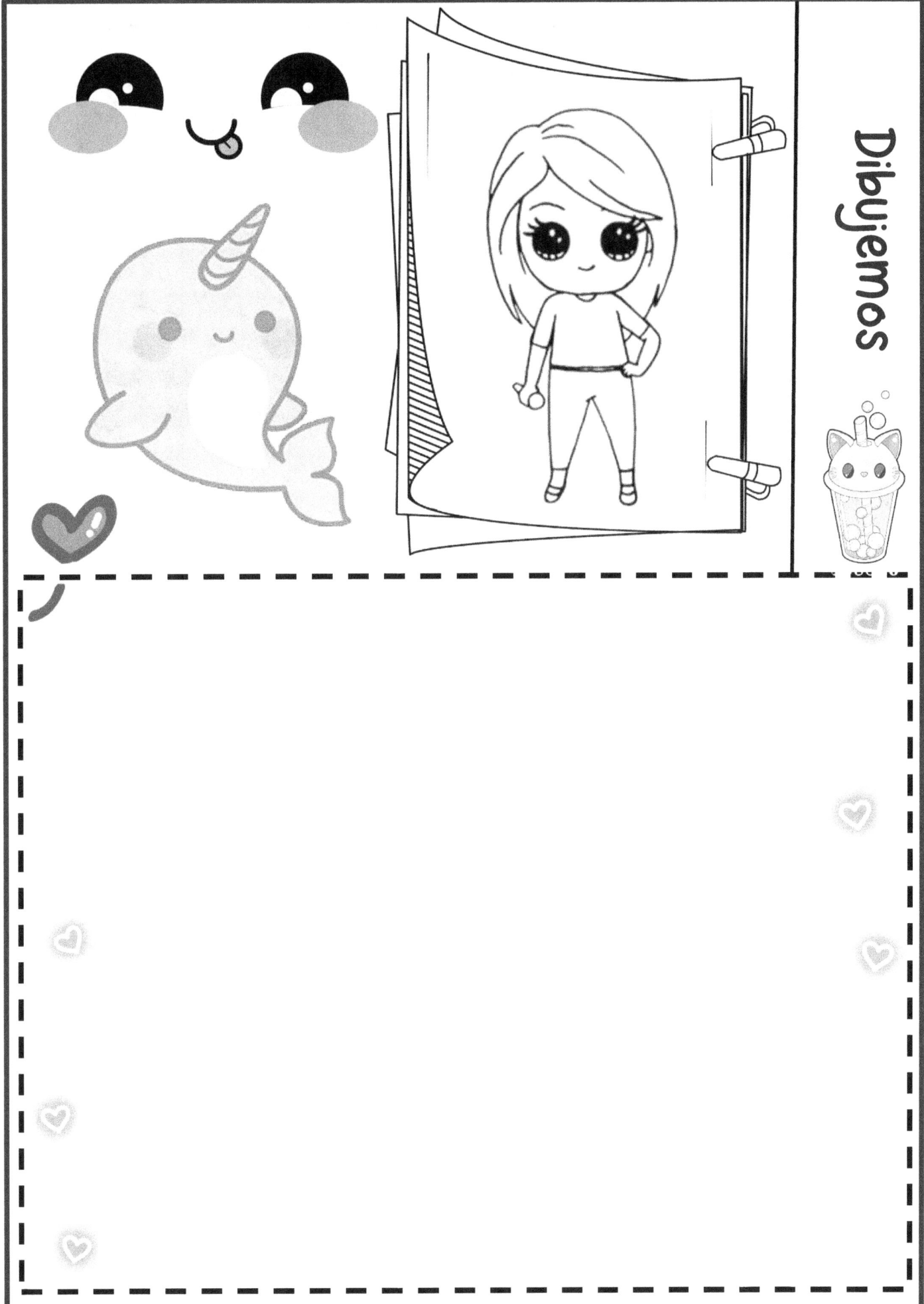

Dibujemos

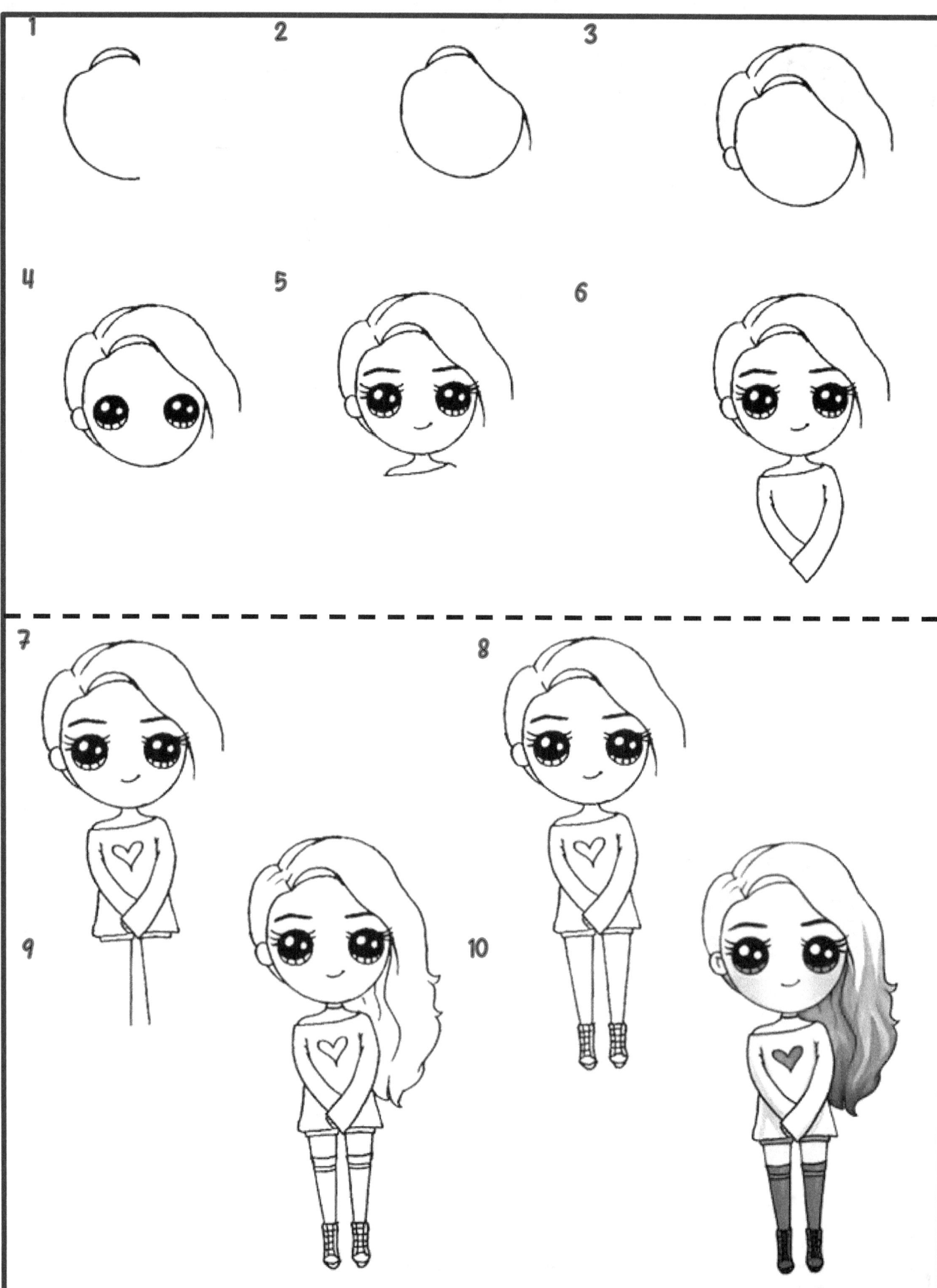

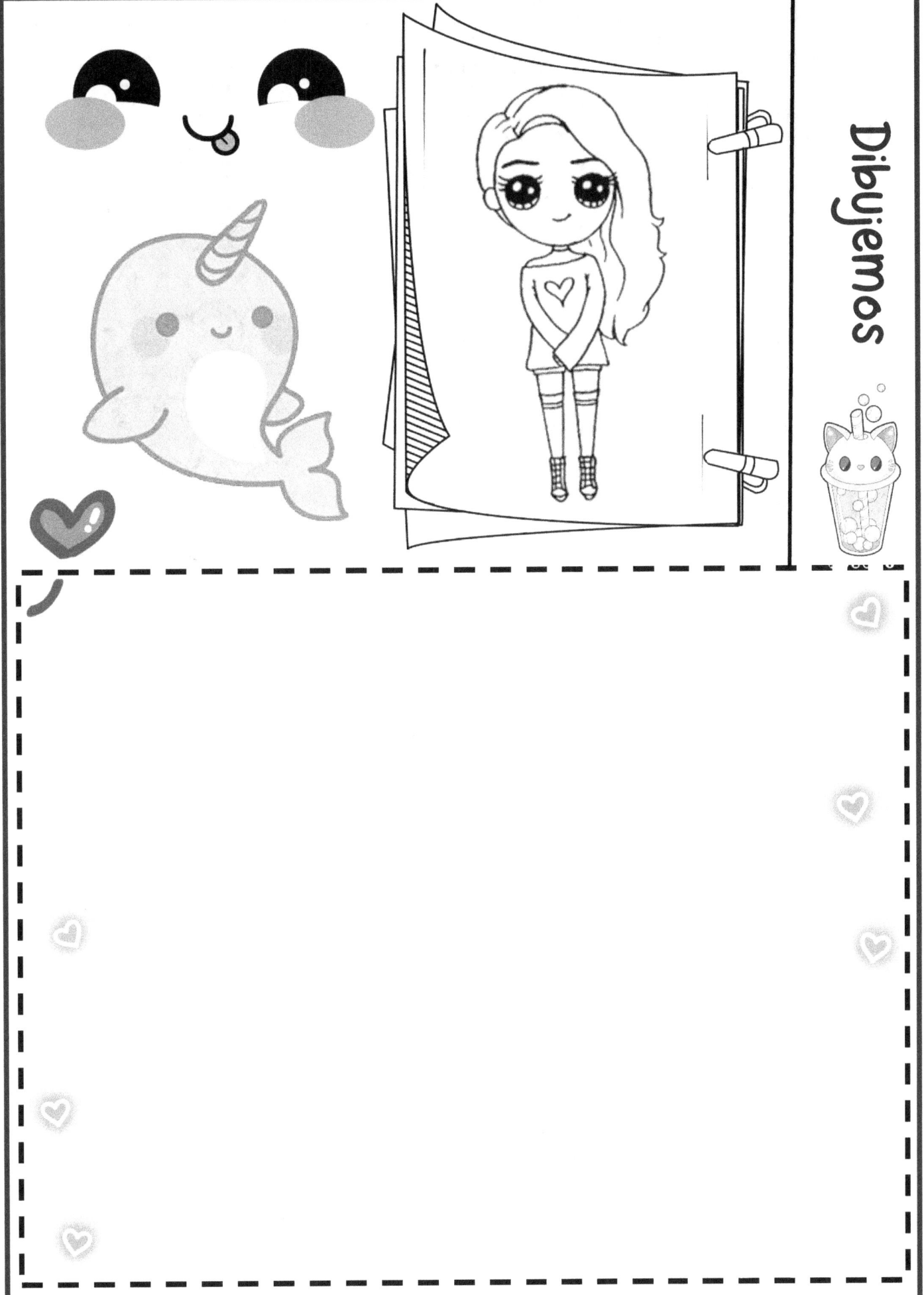

Dibujemos

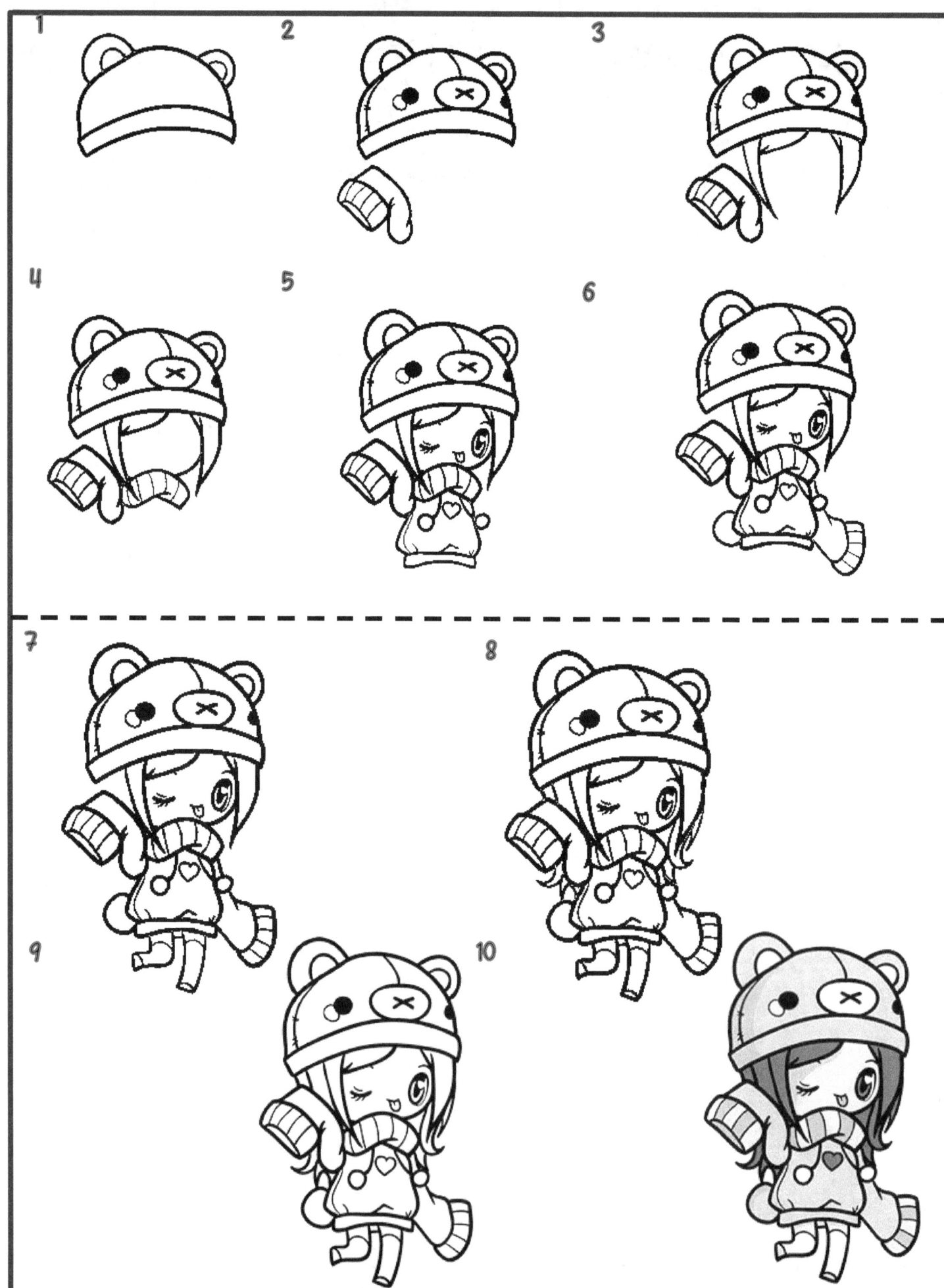

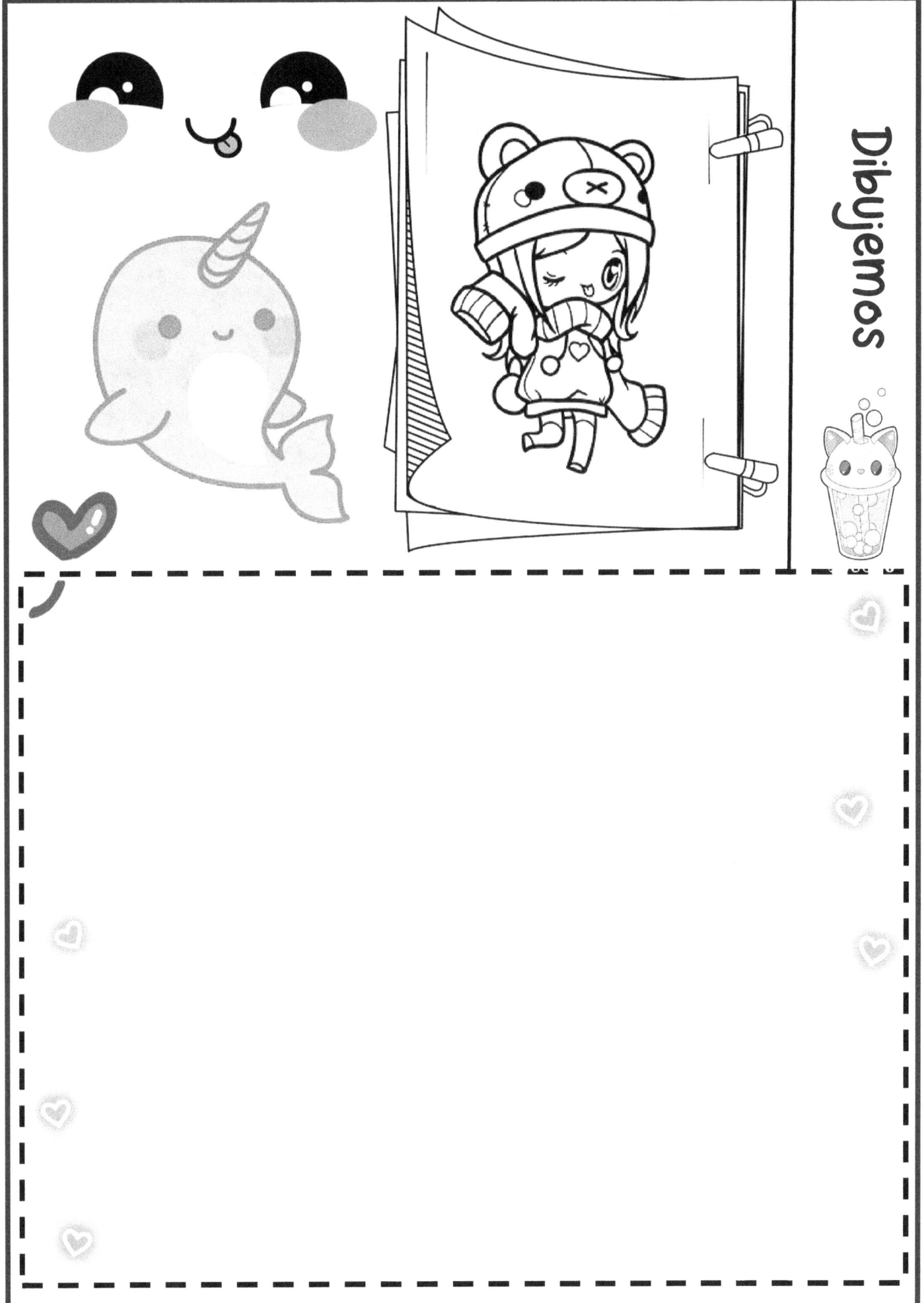

Dibujemos

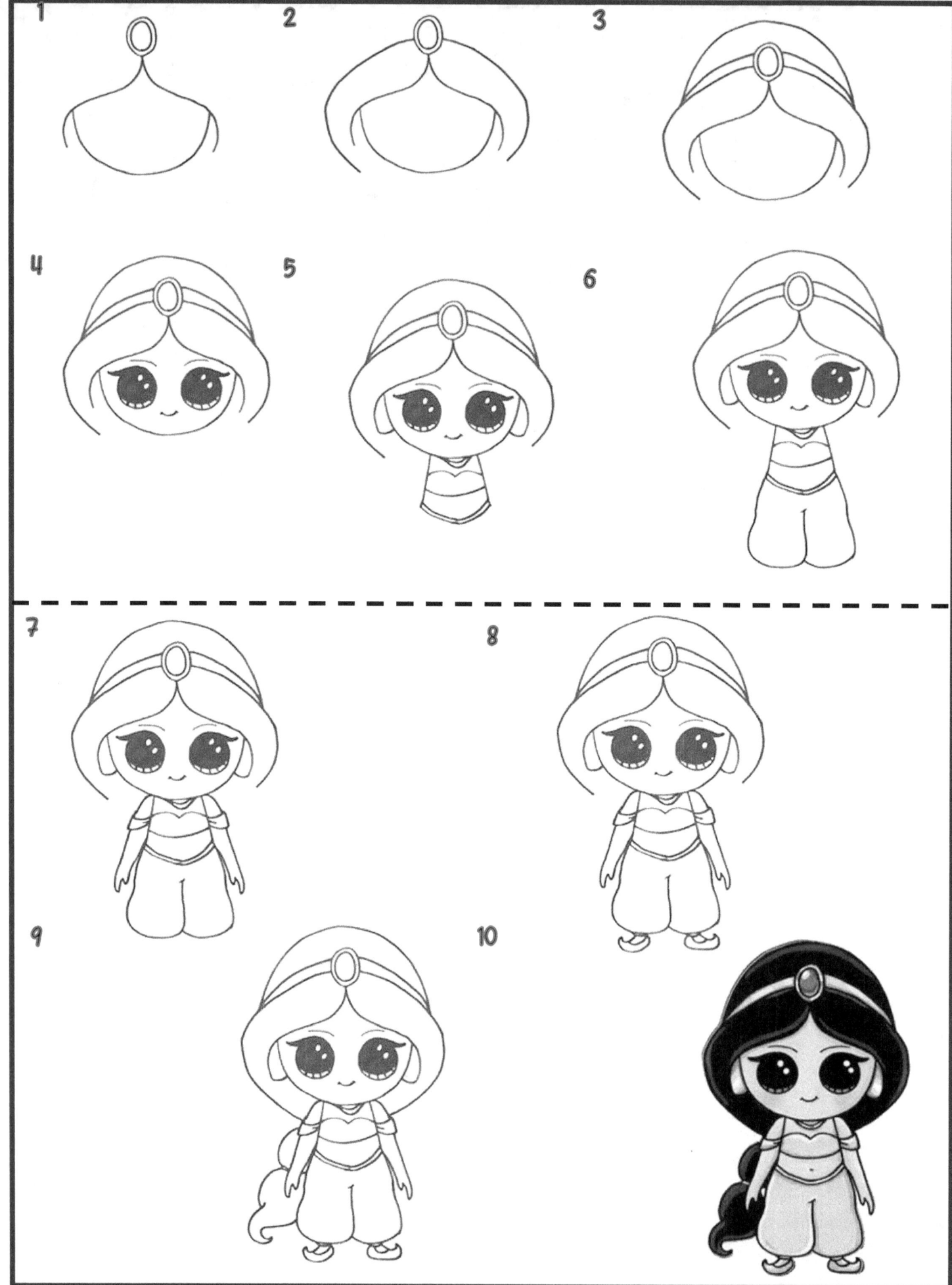

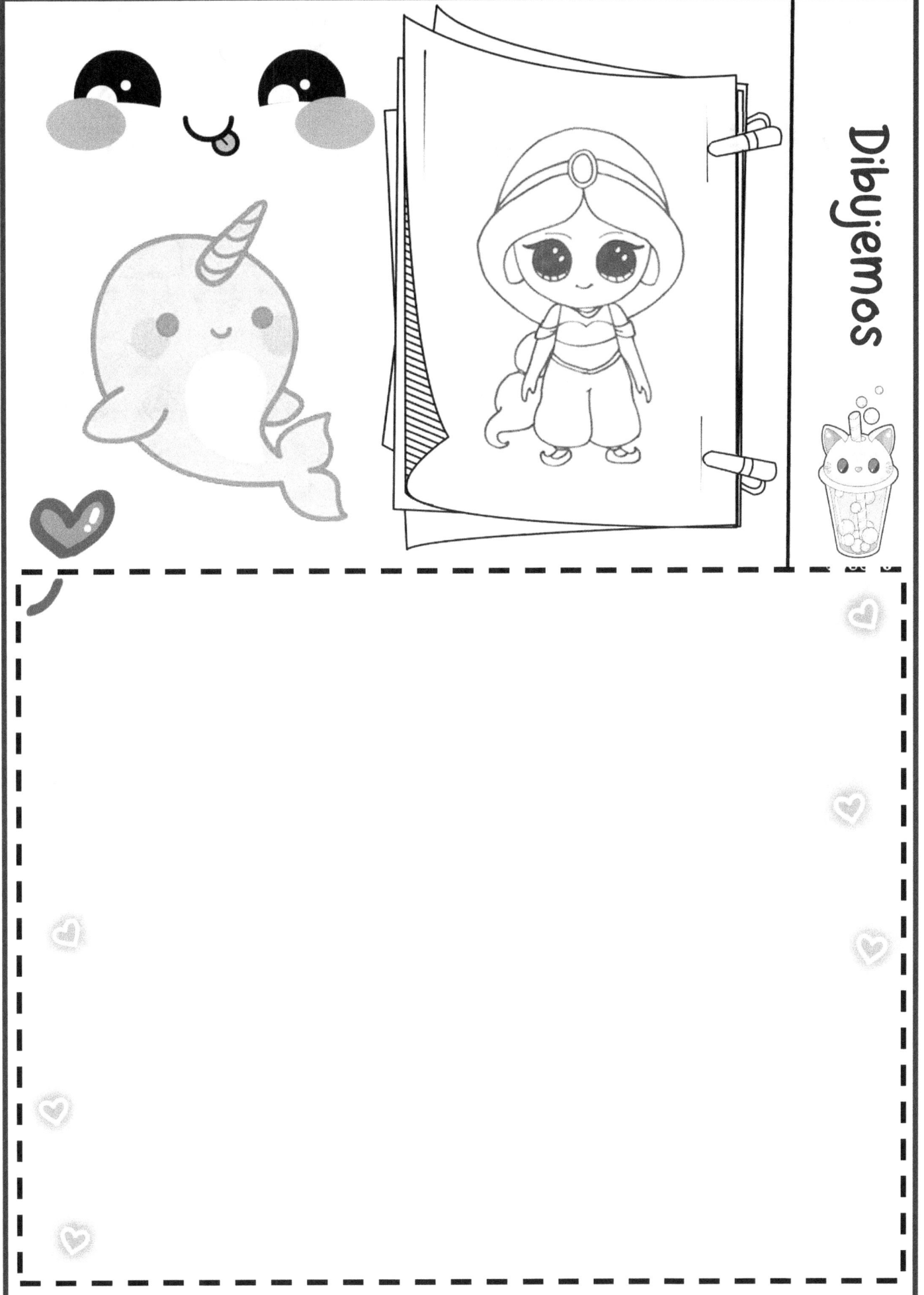

Dibujemos

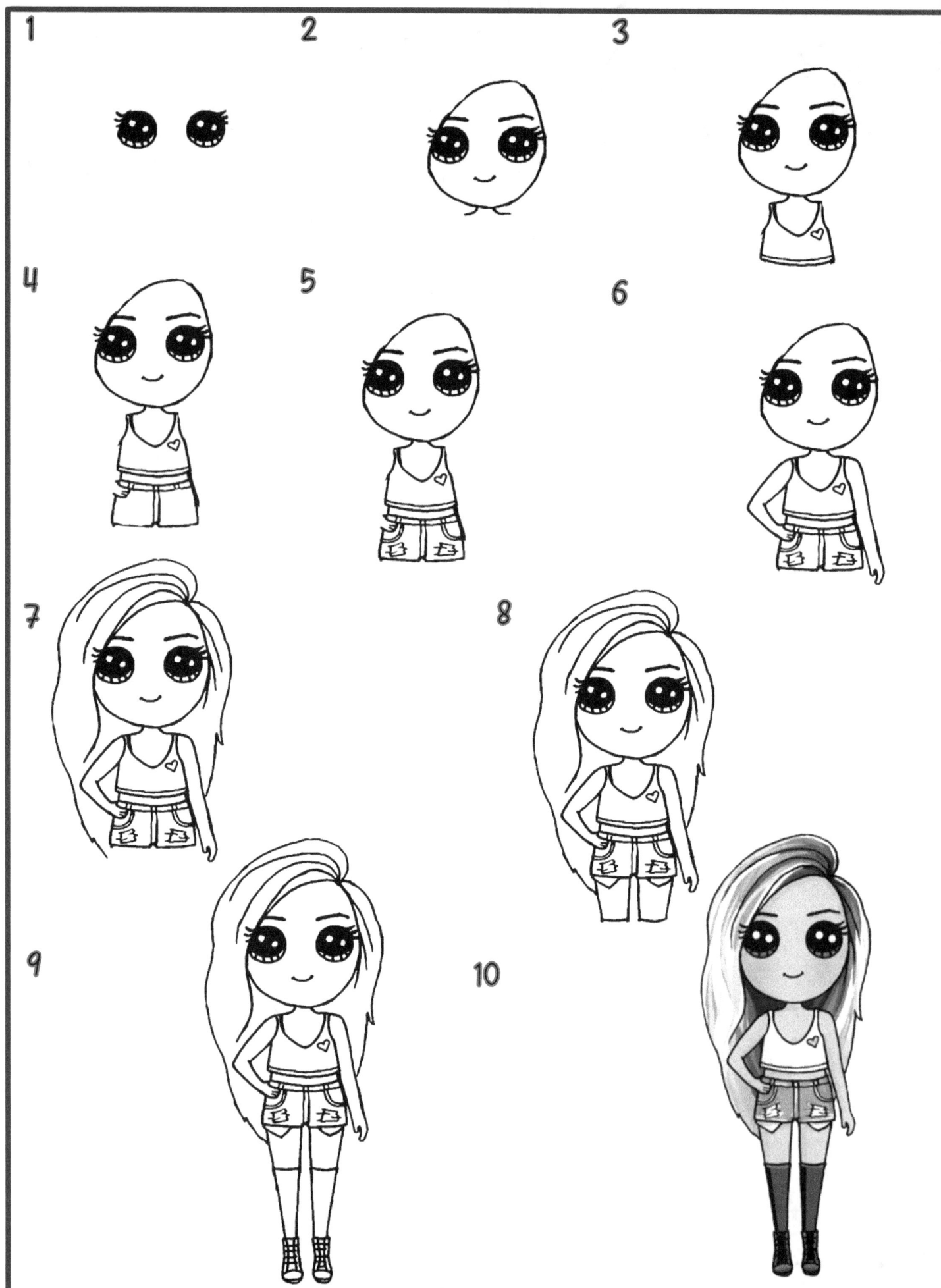

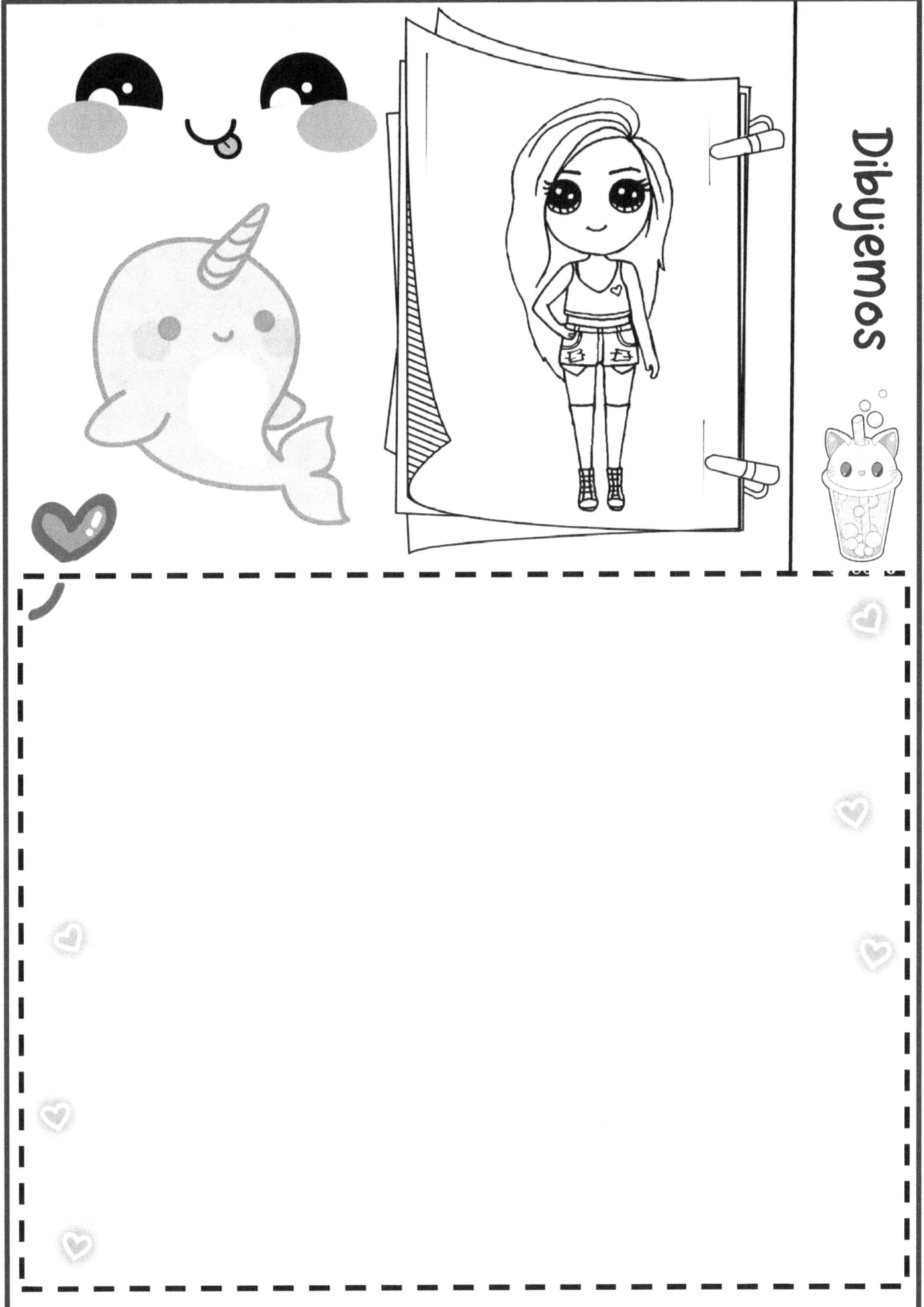

Dibujemos

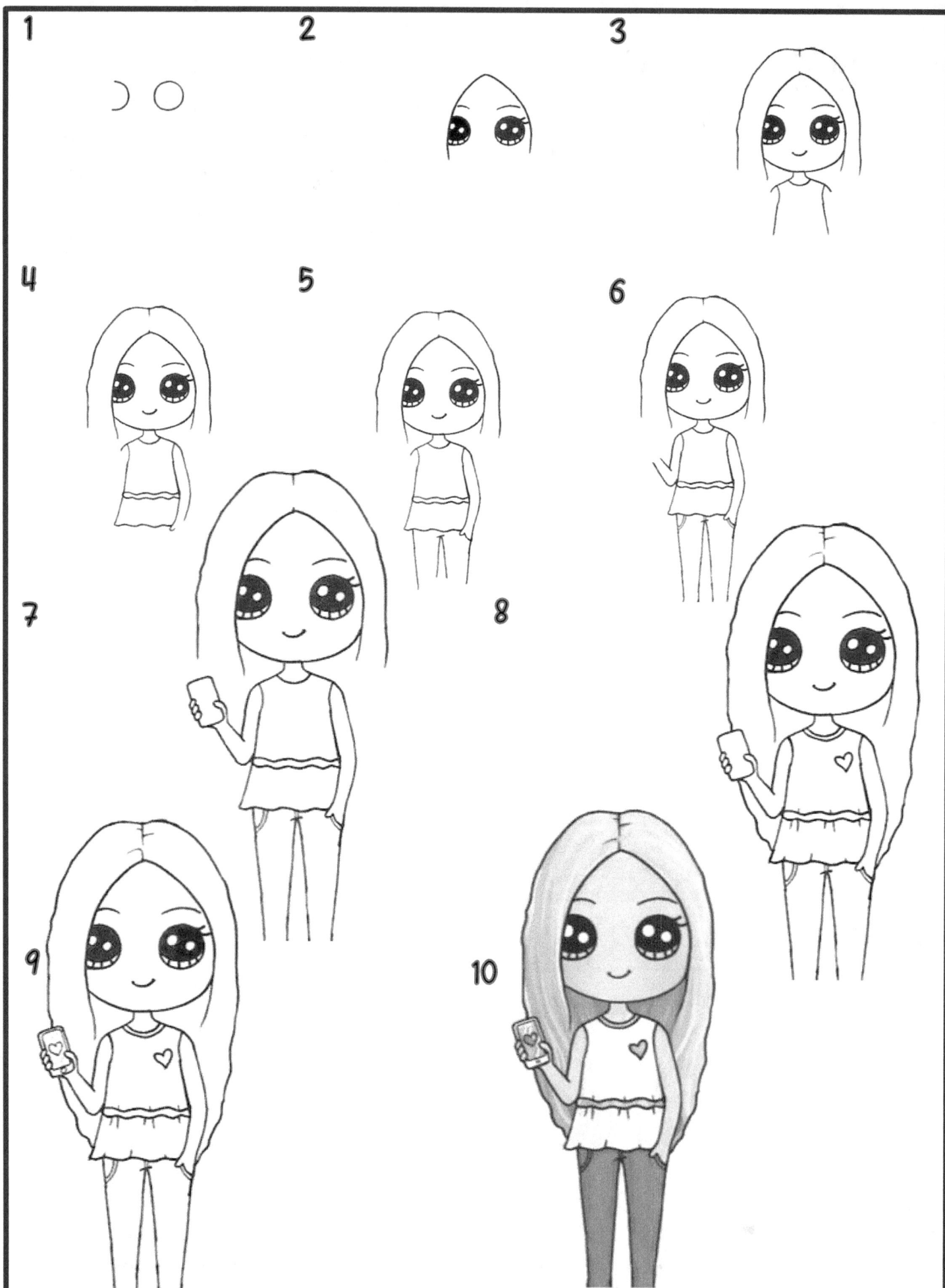

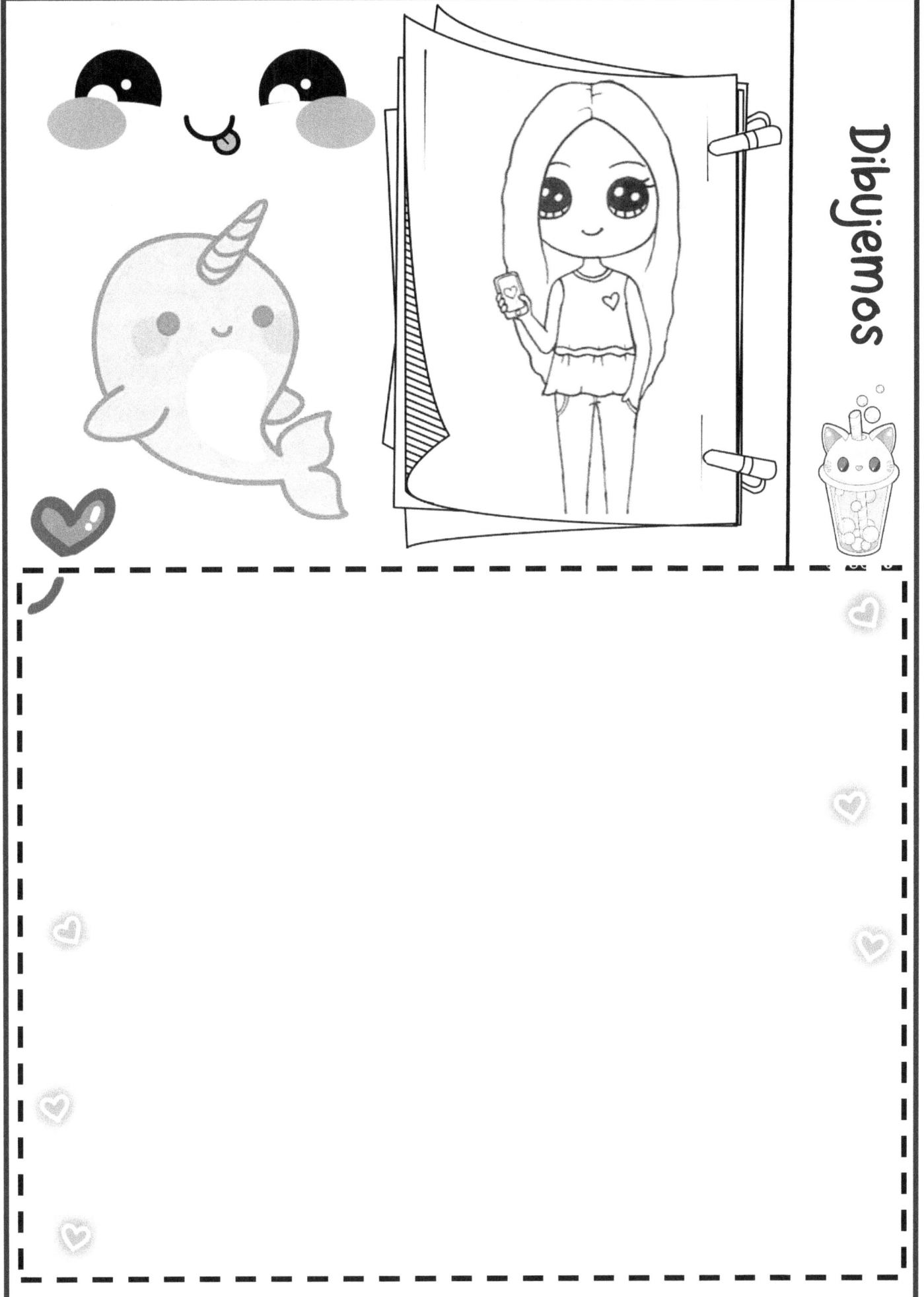

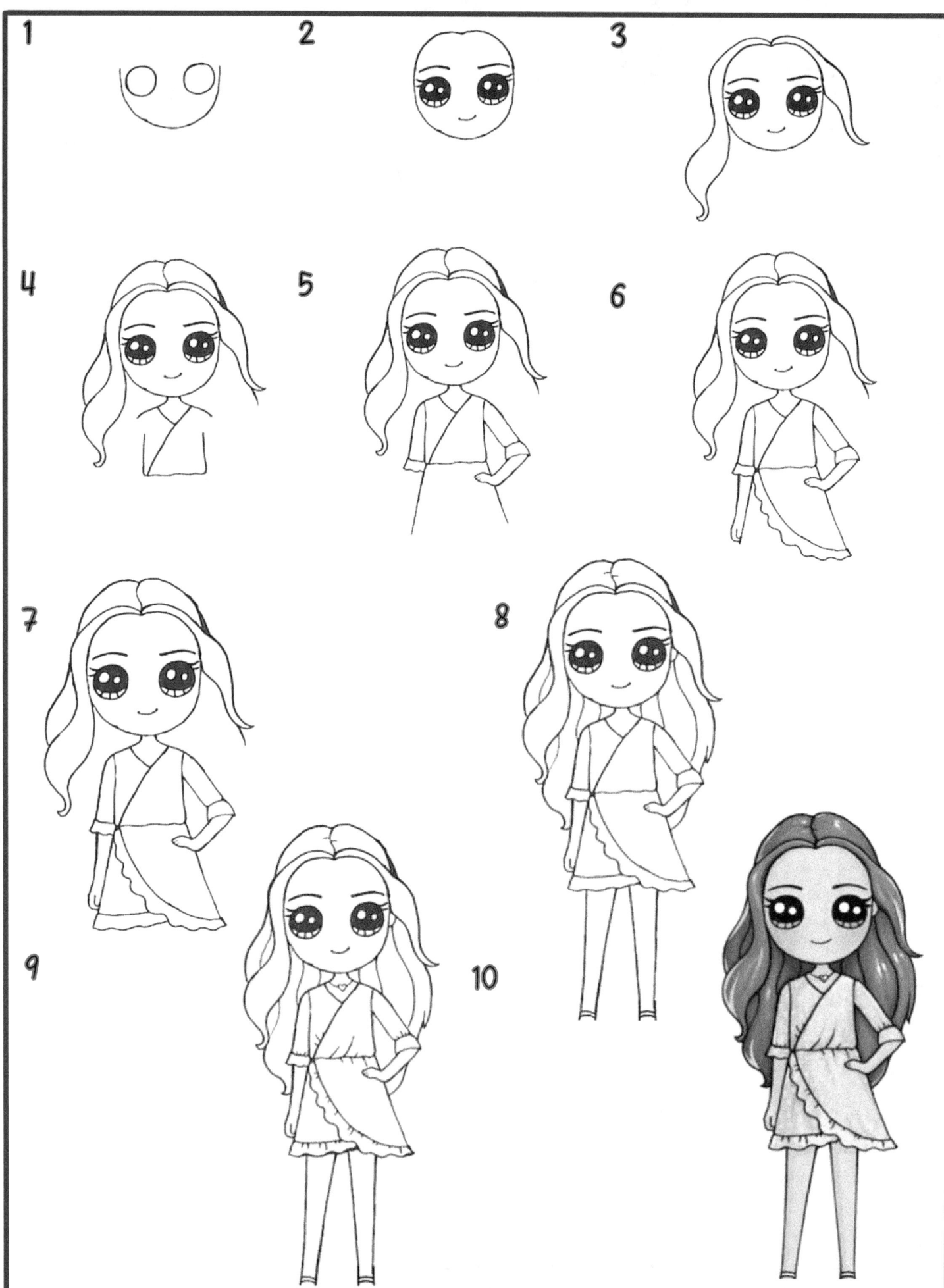

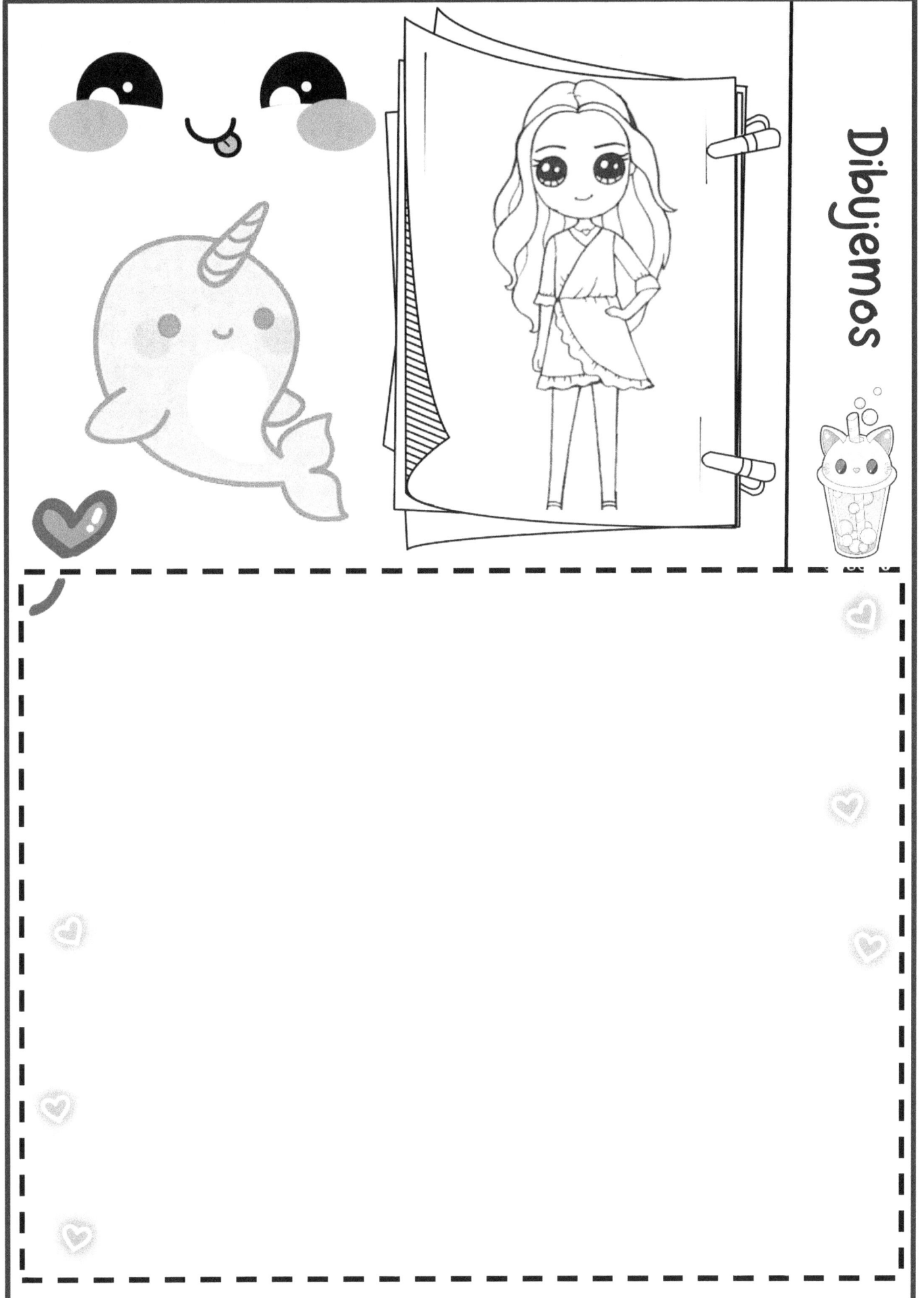

Dibujemos

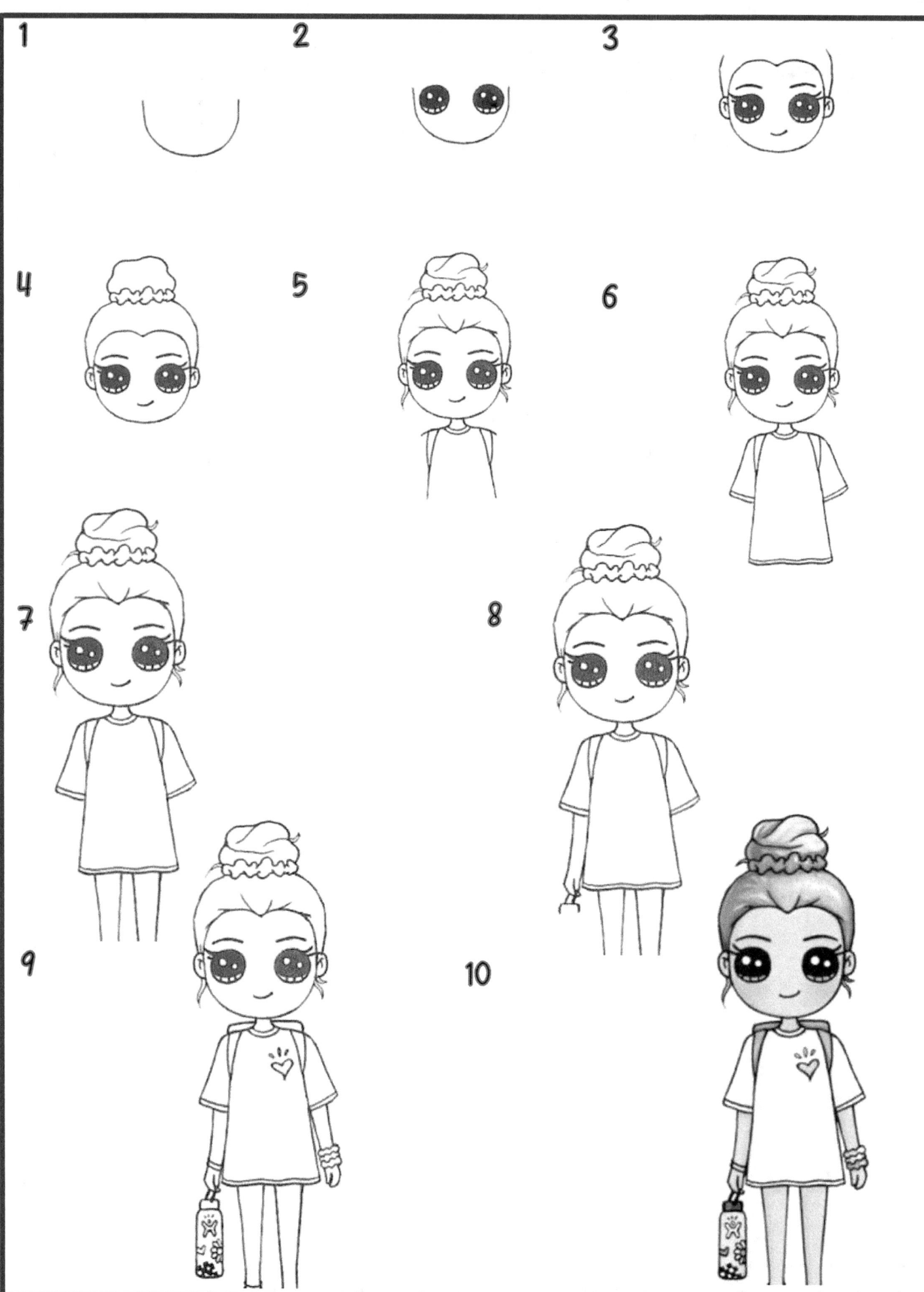

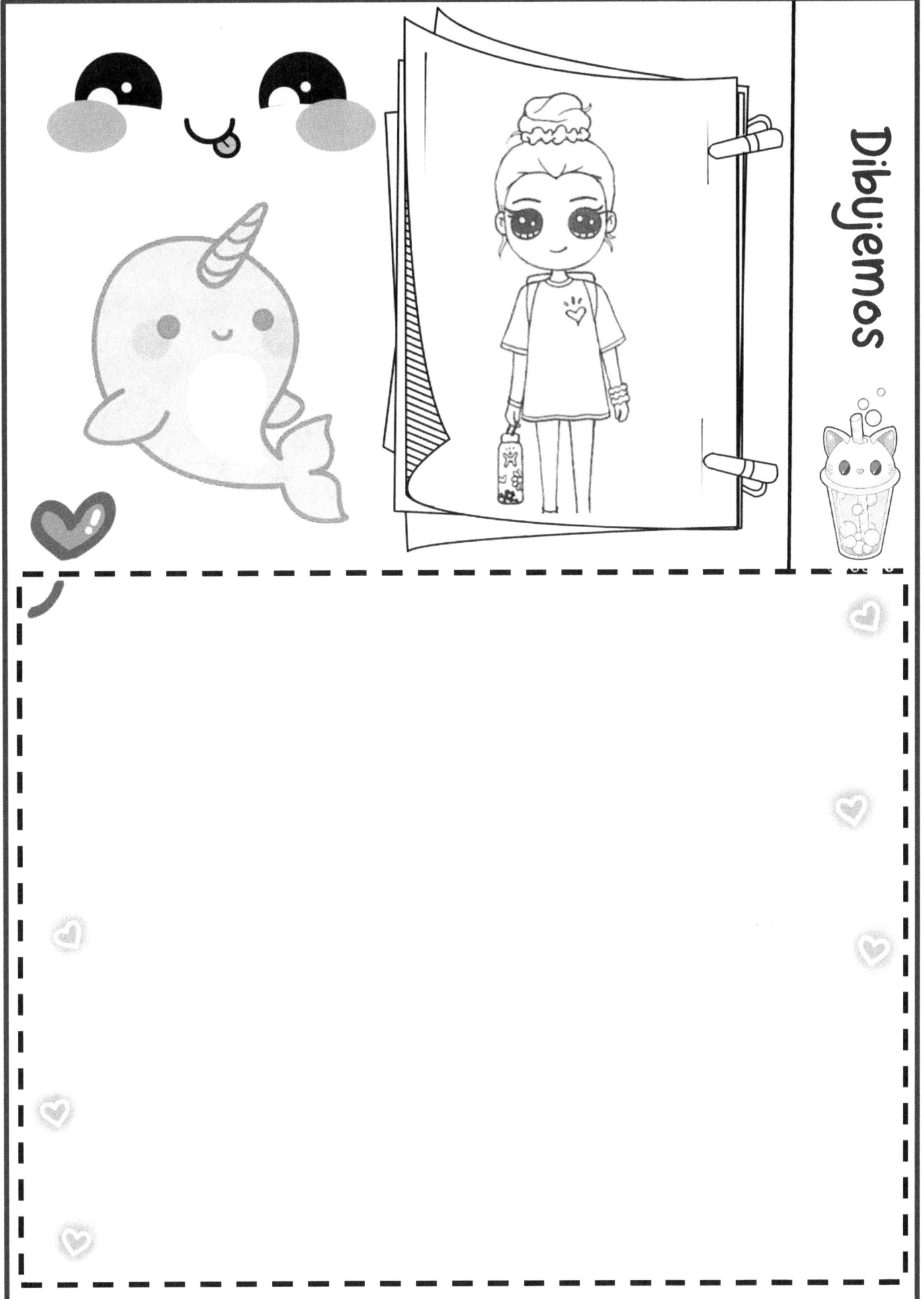

Dibujemos

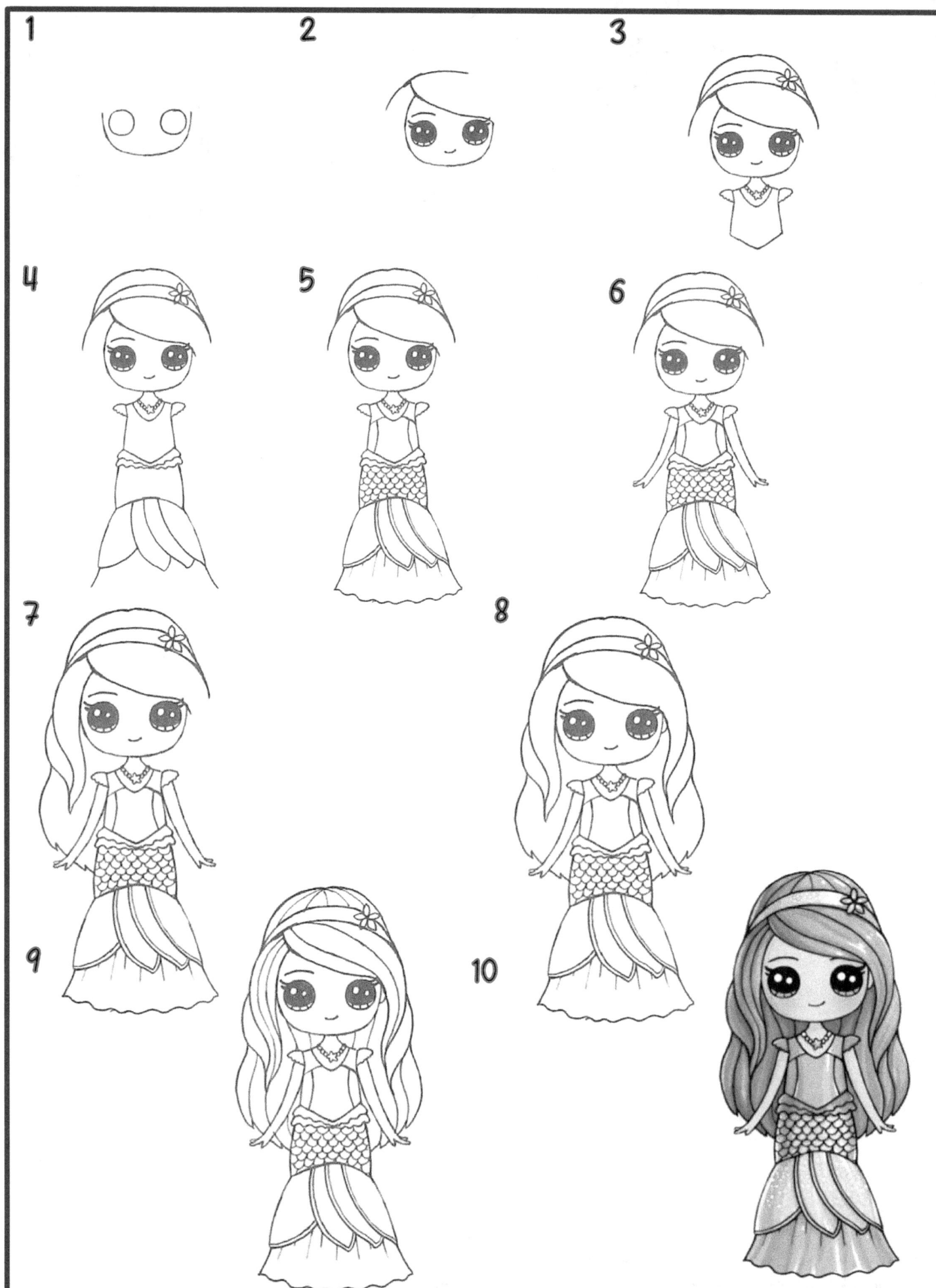

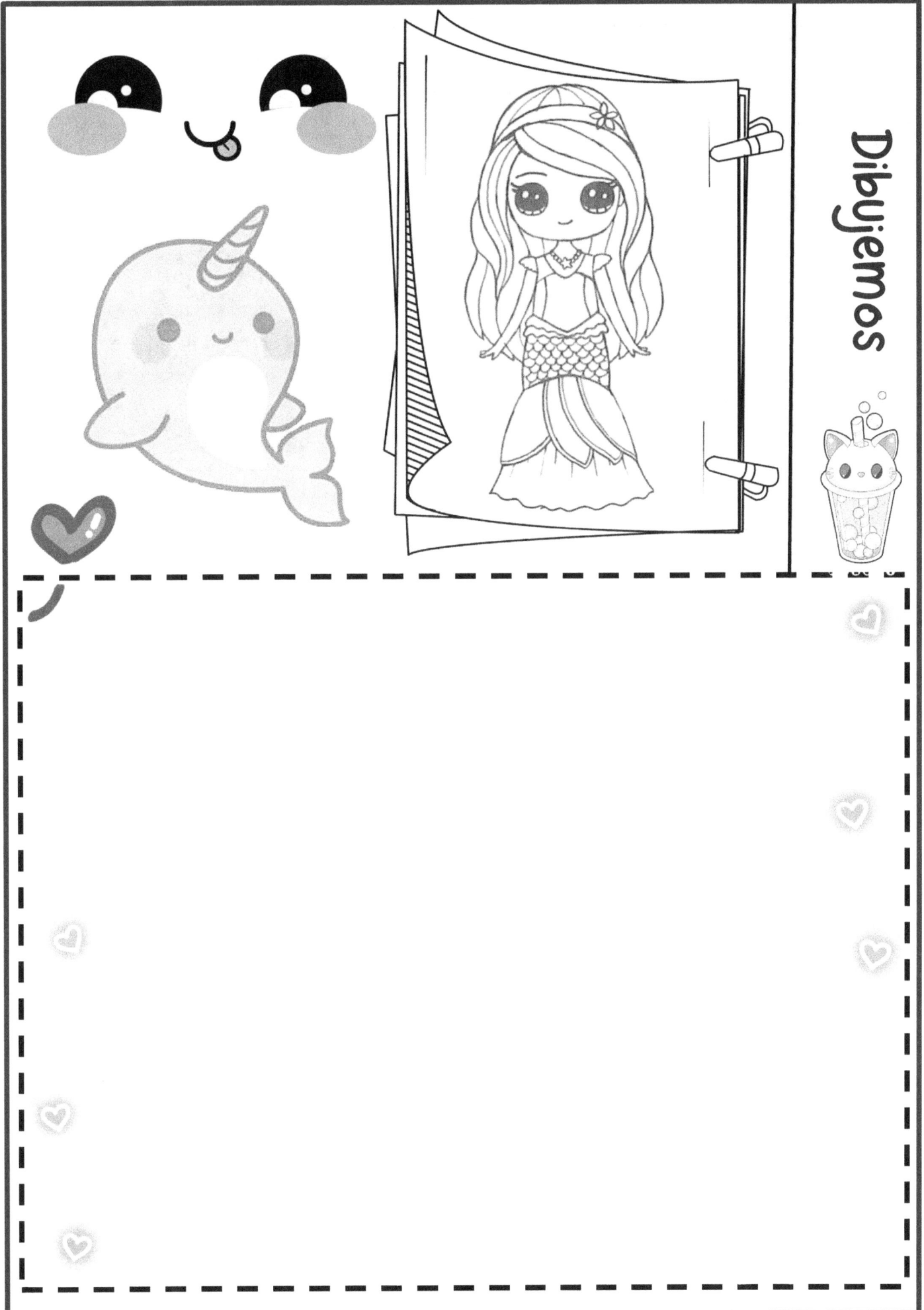

Dibujemos

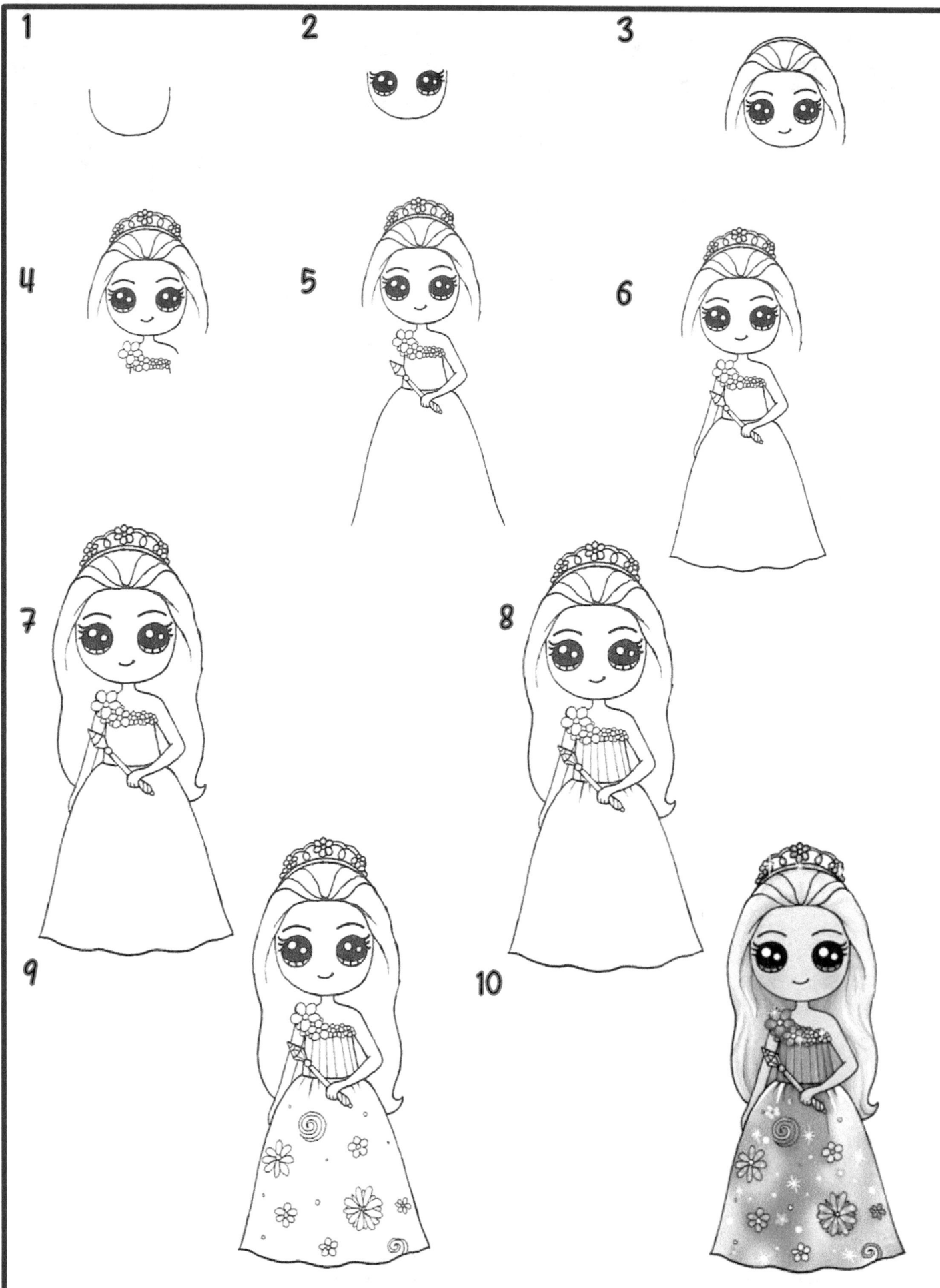

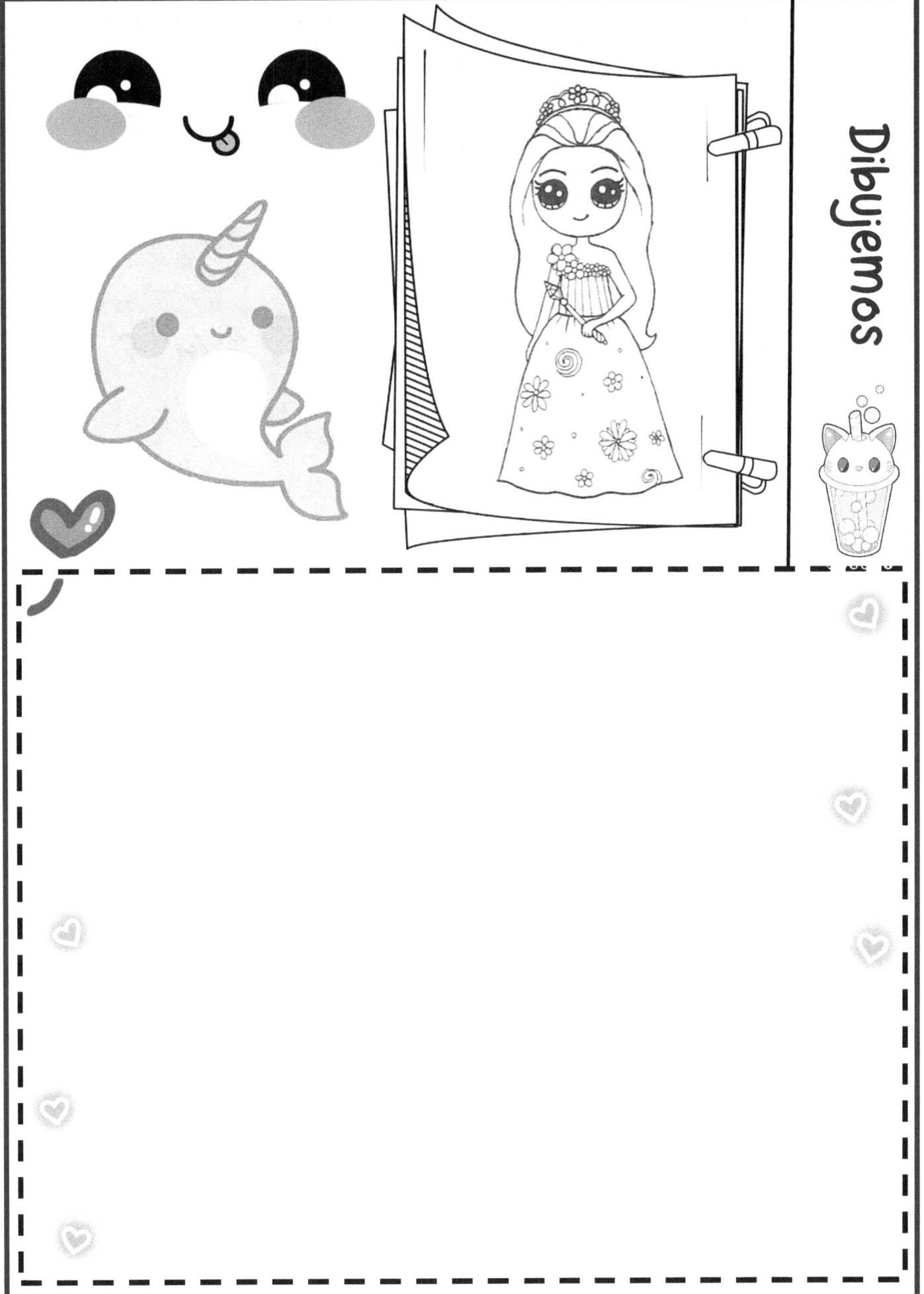

Dibujemos

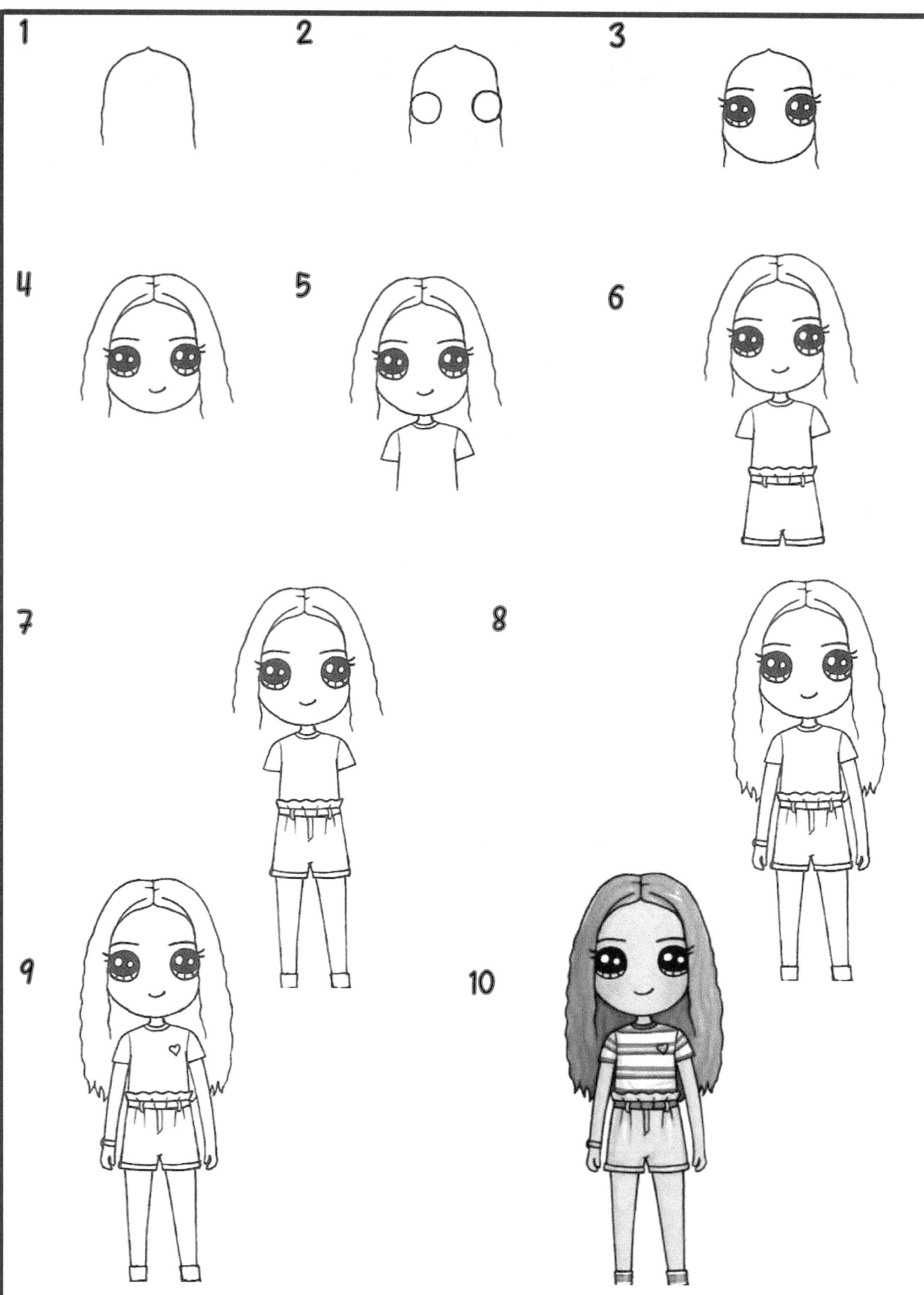

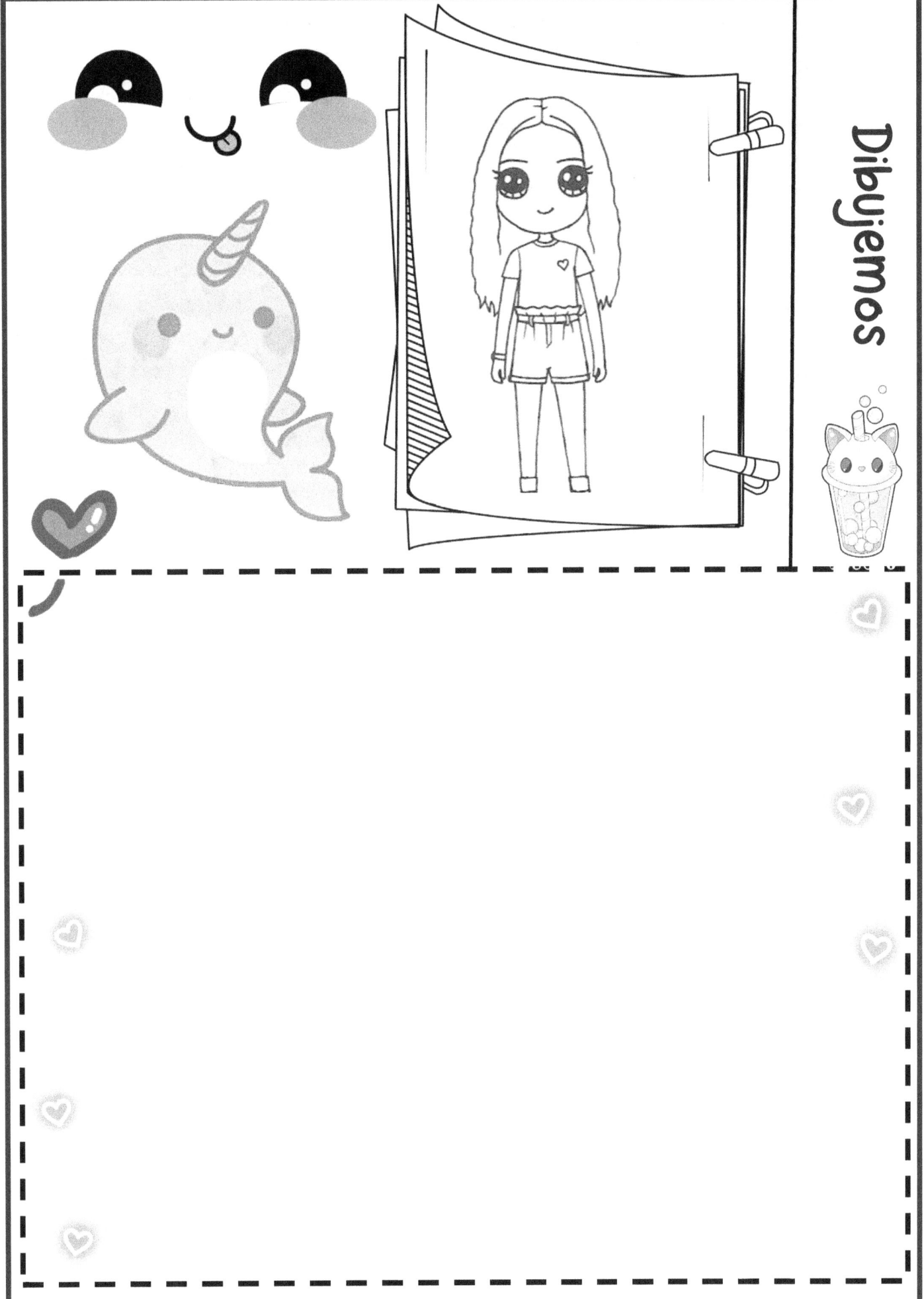

Dibujemos

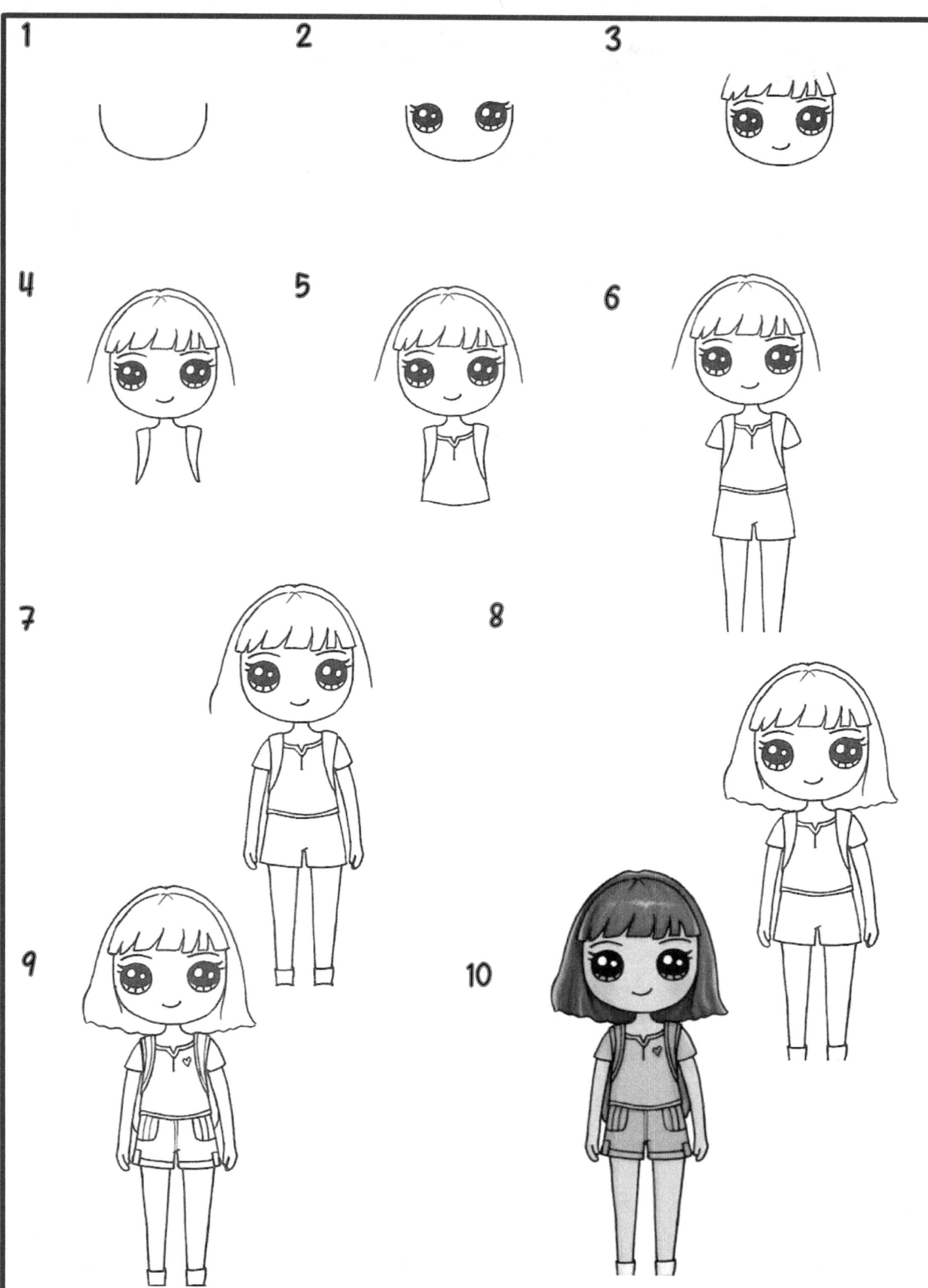

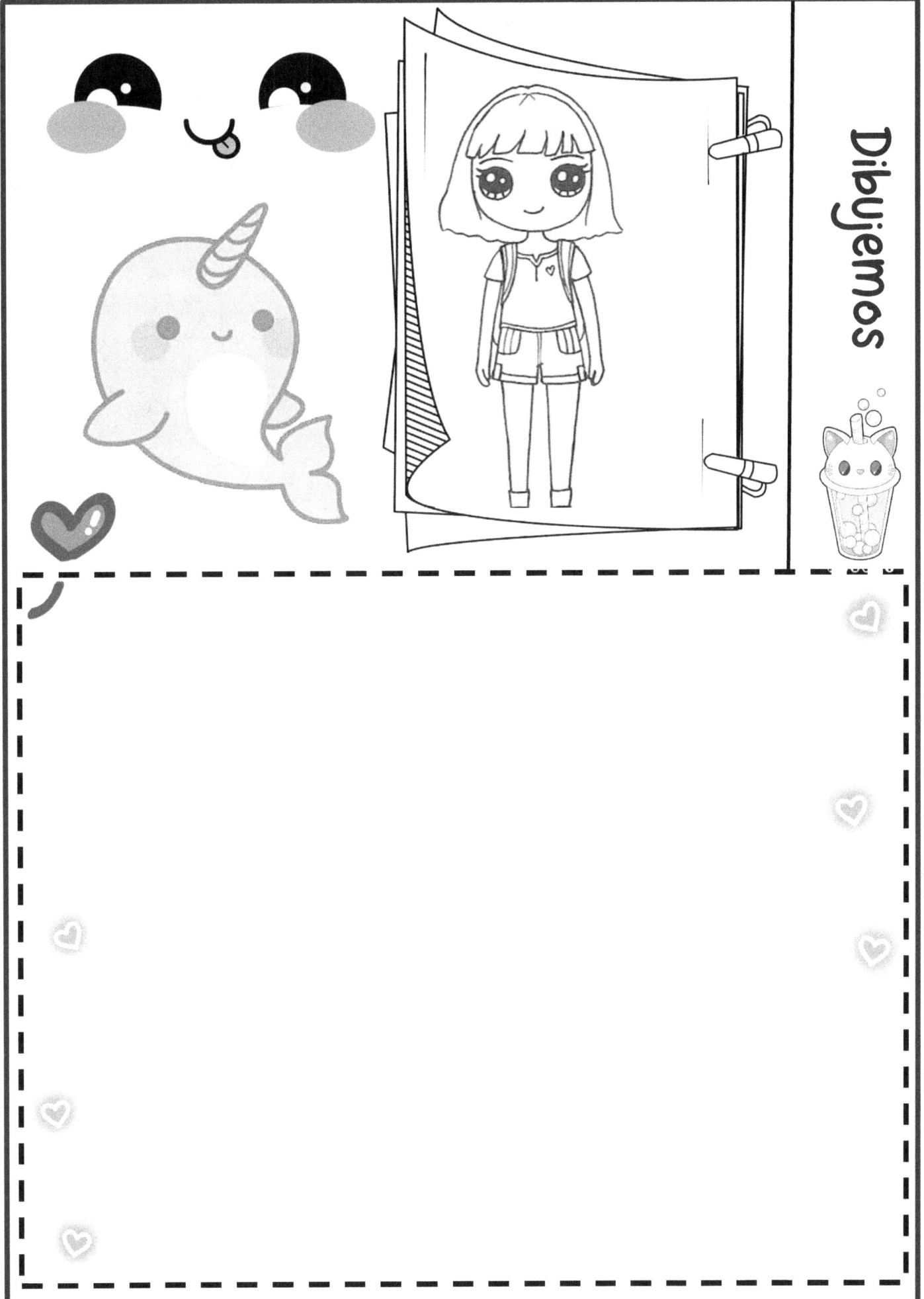

Dibujemos

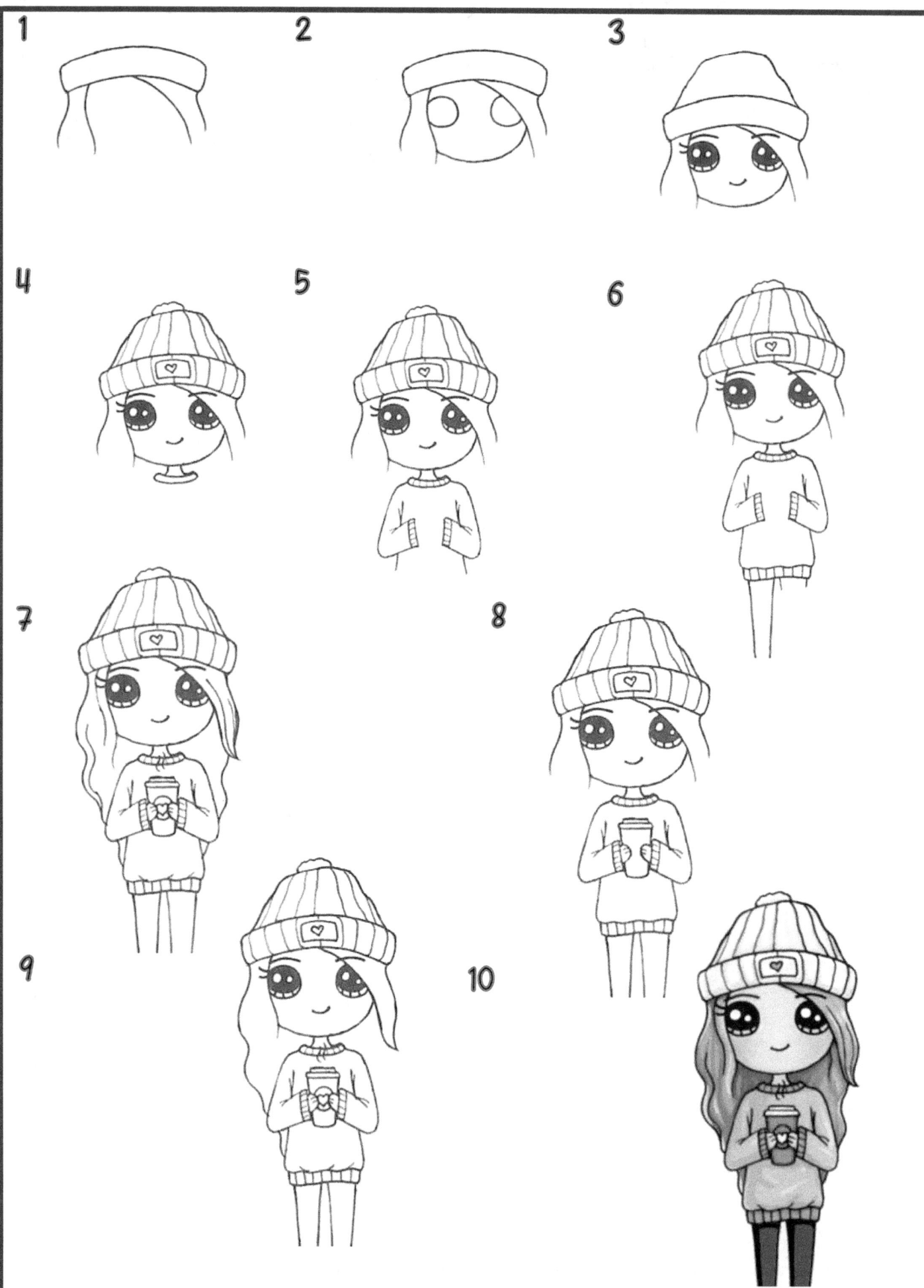

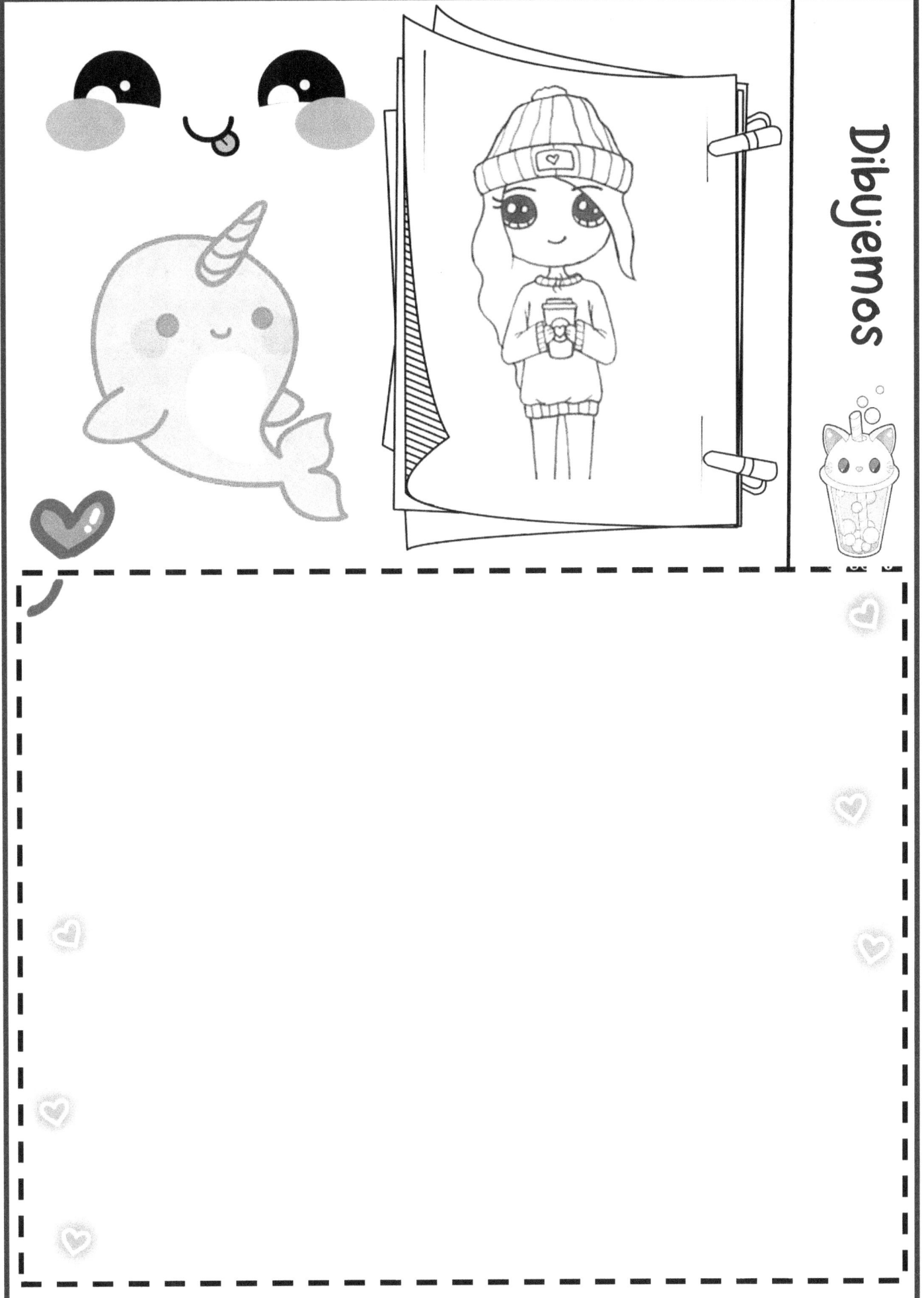

Dibujemos

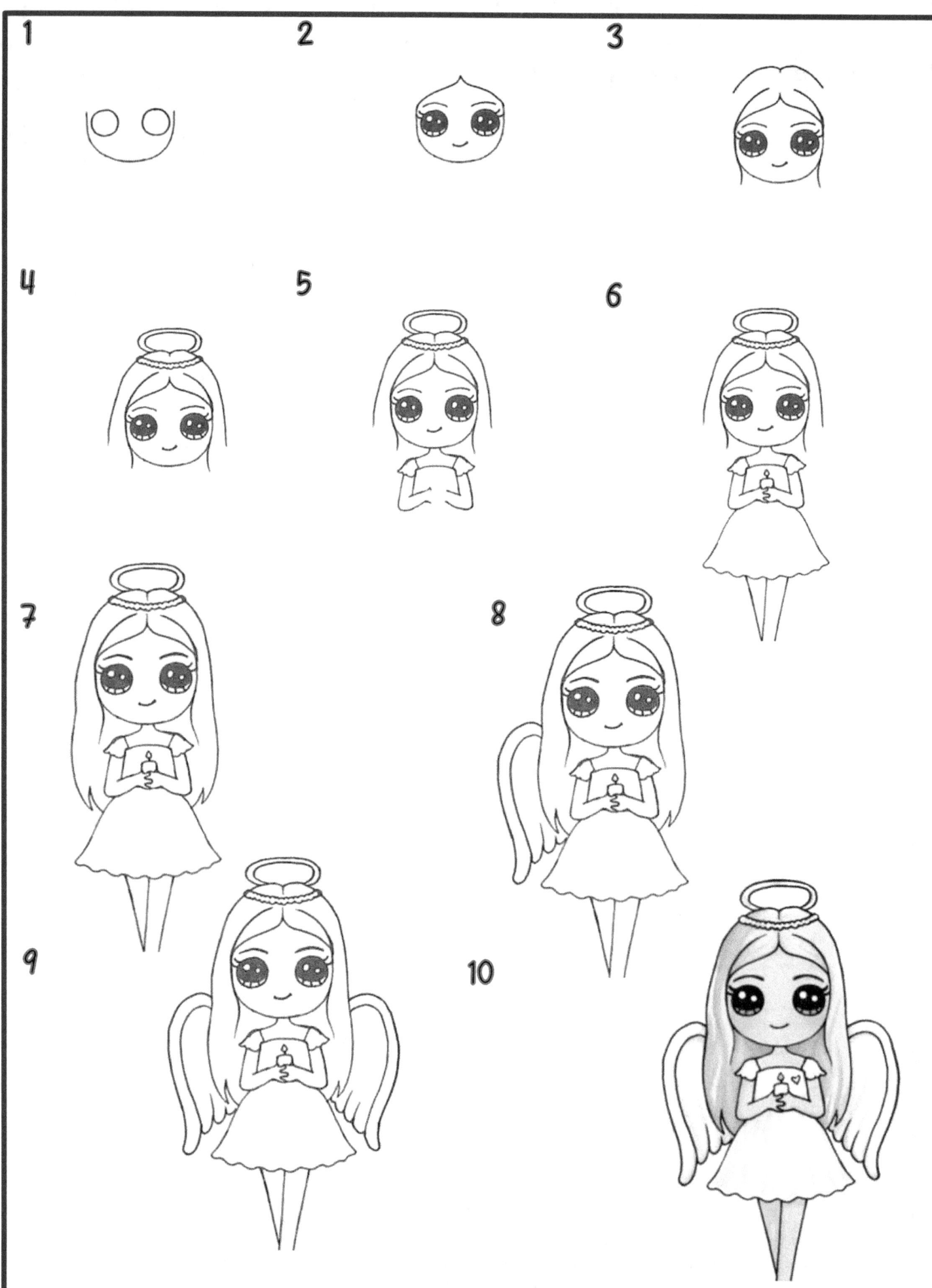

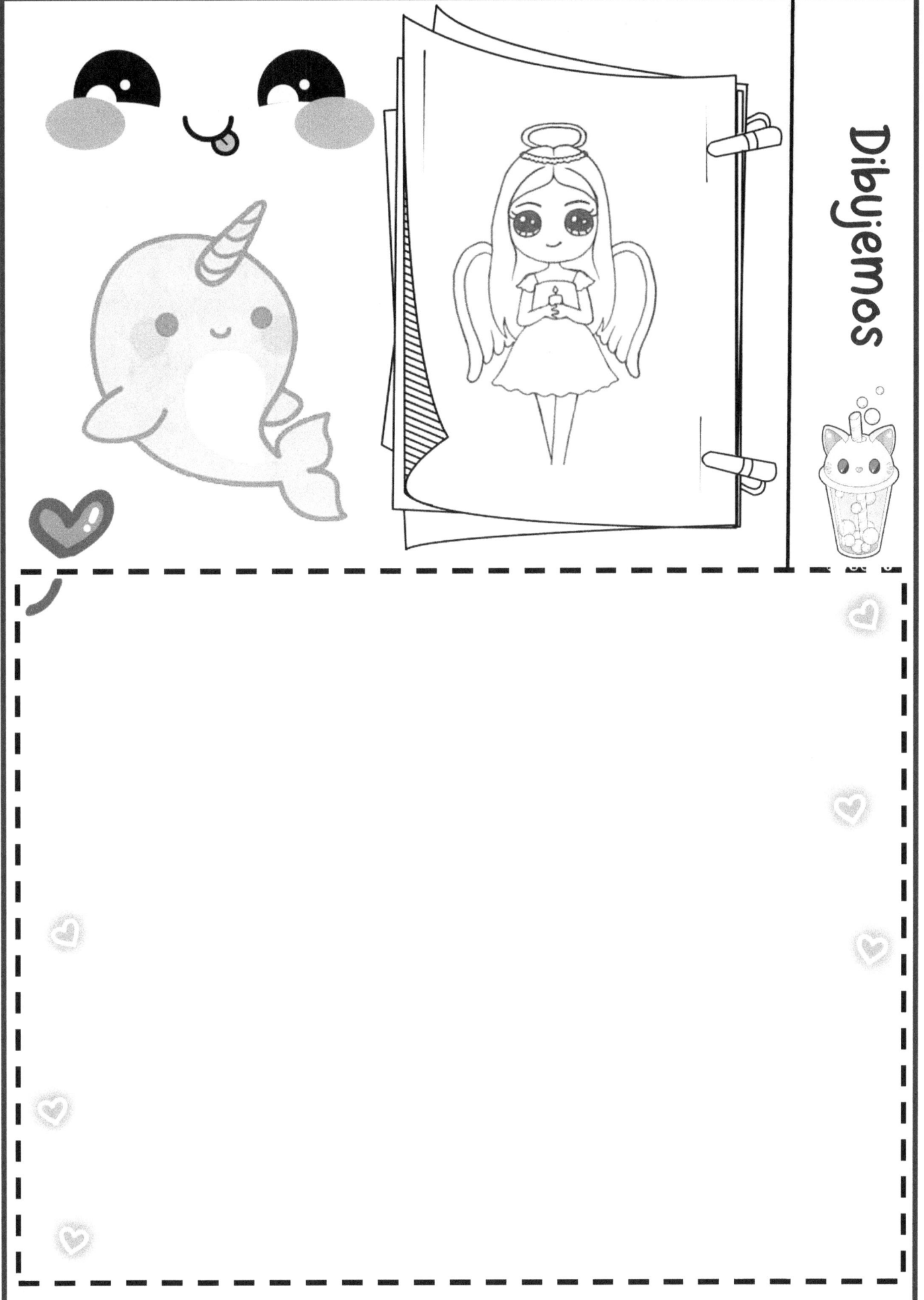

Dibujemos

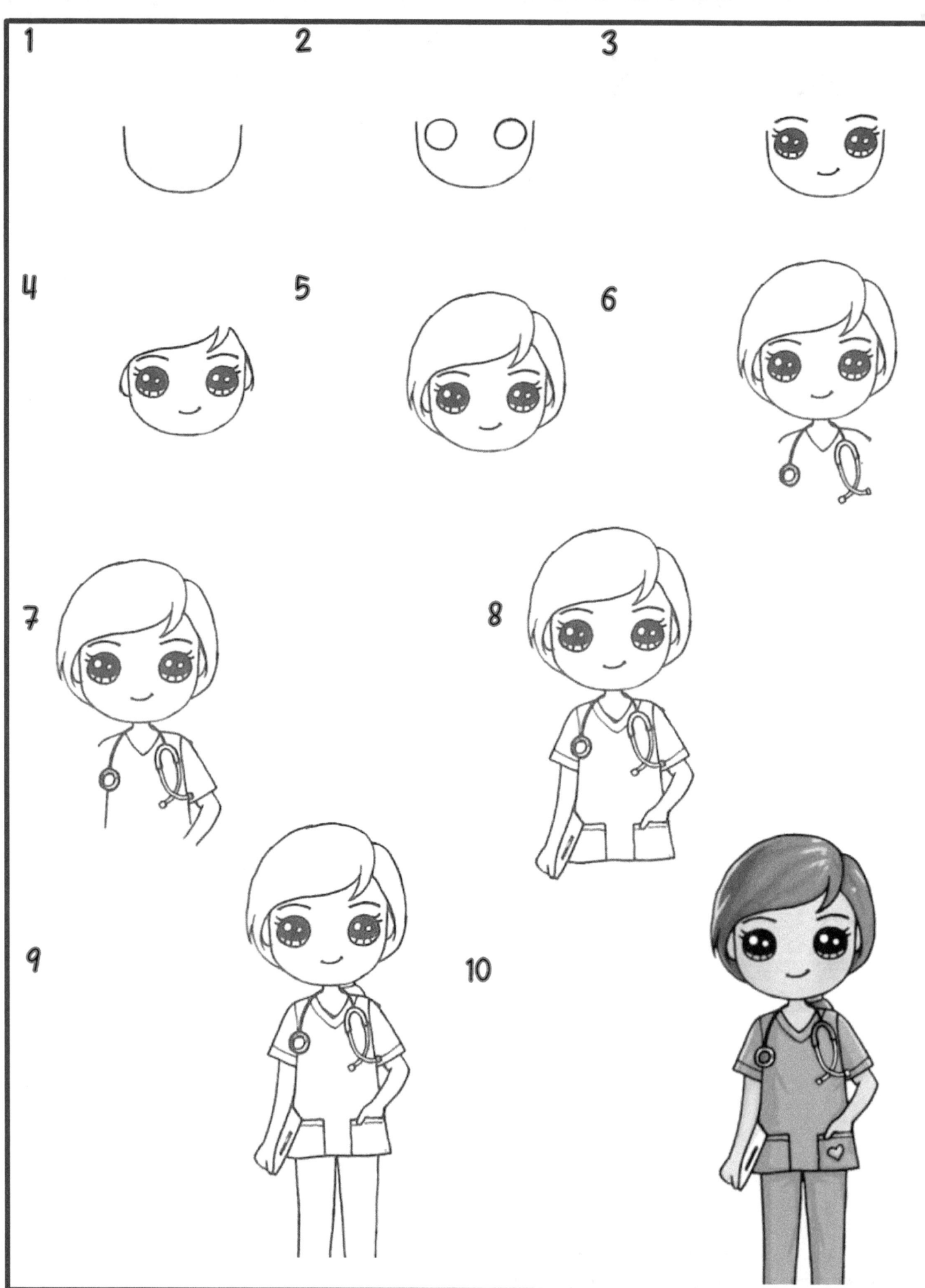

1   2   3

4   5   6

7   8

9   10

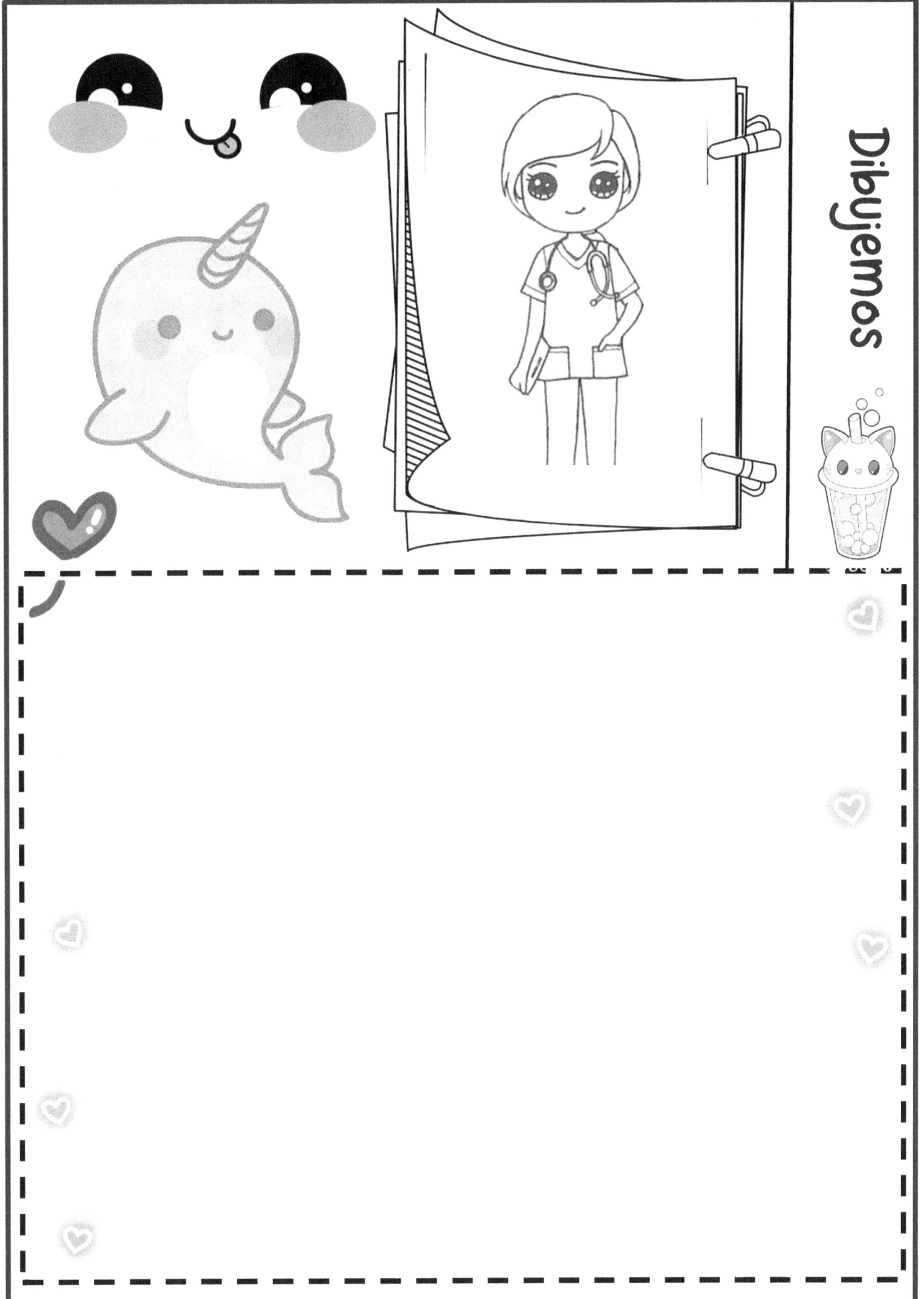

Dibujemos

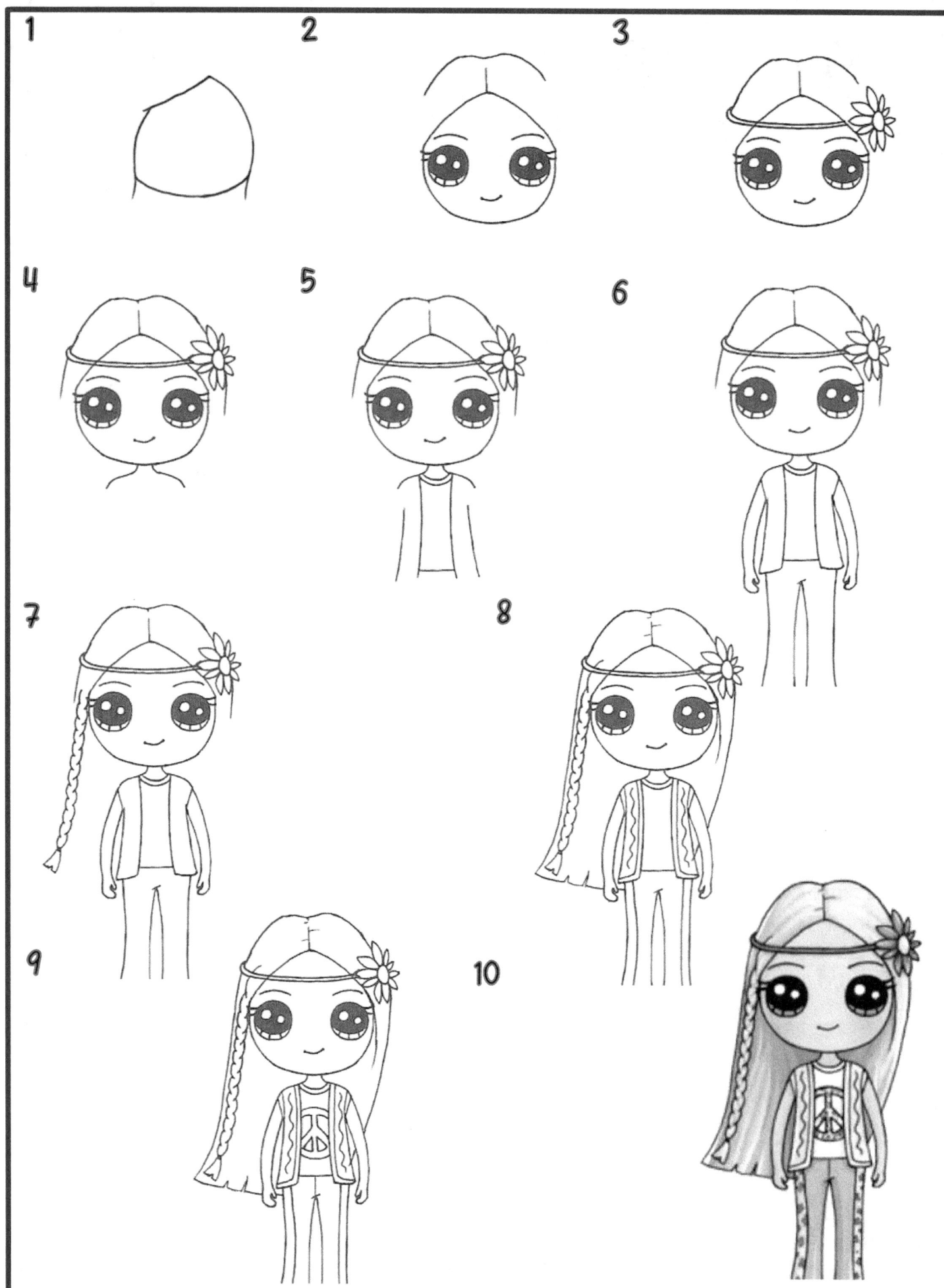

1

2

3

4

5

6

7

8

9

10

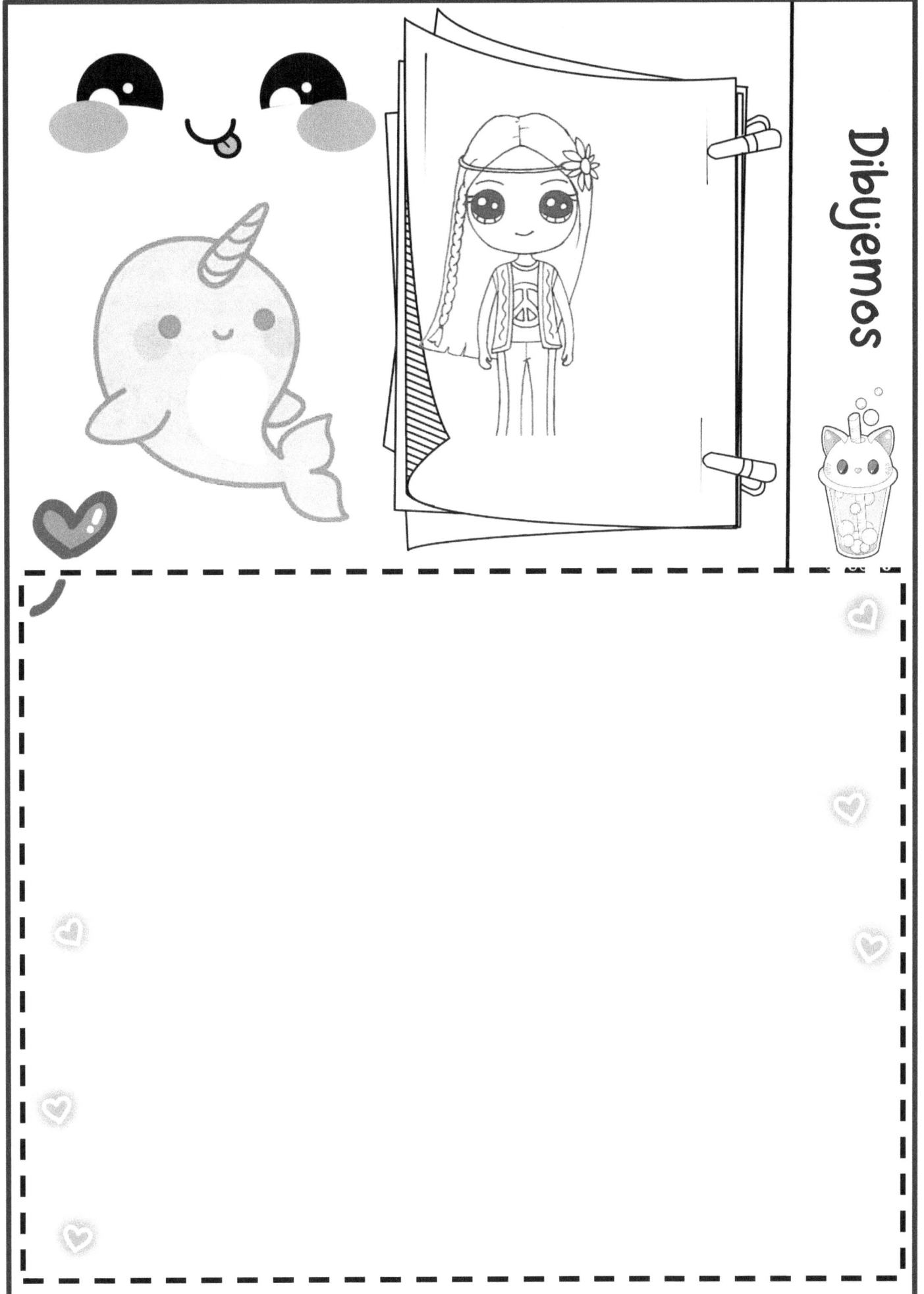

Dibujemos

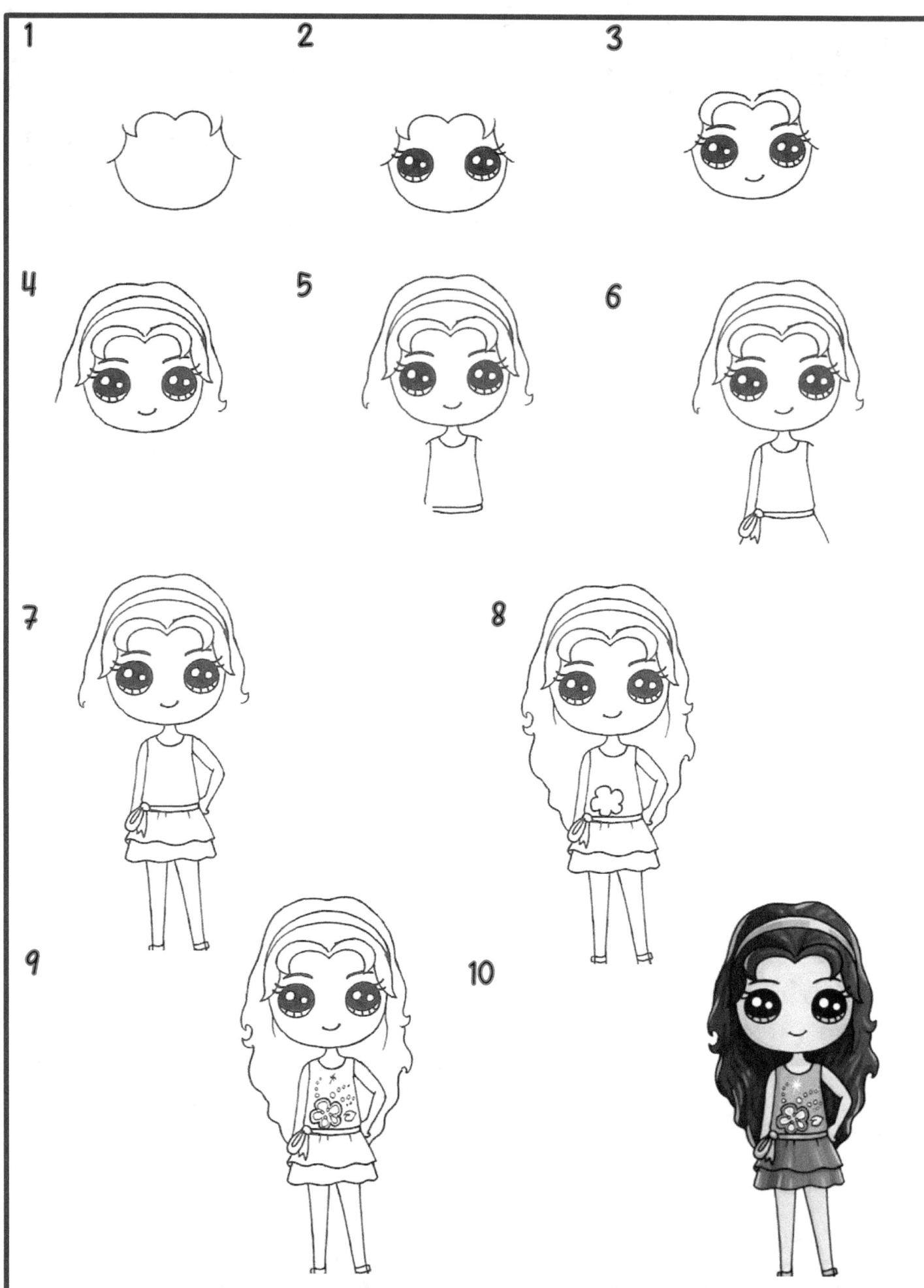

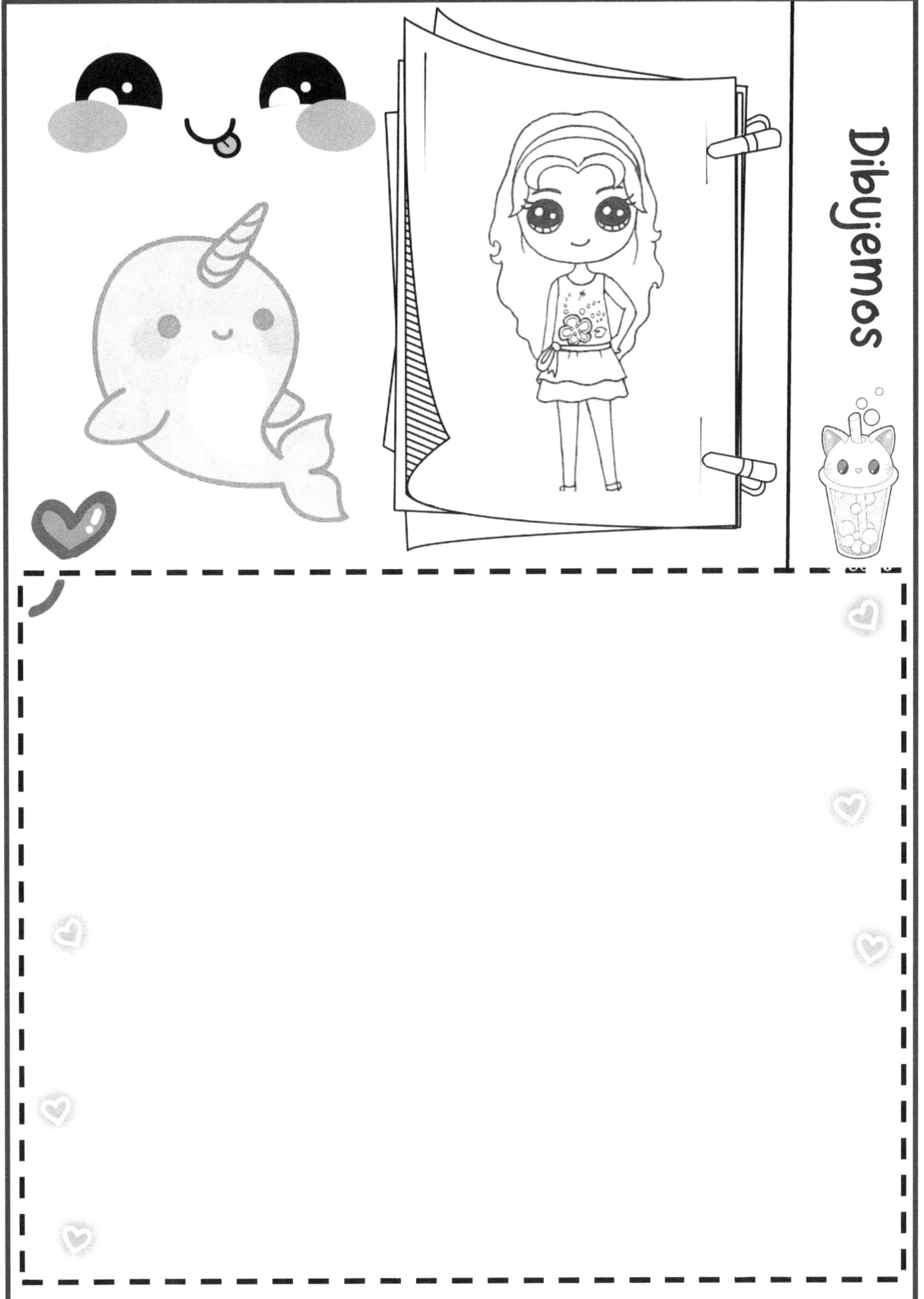

Dibujemos

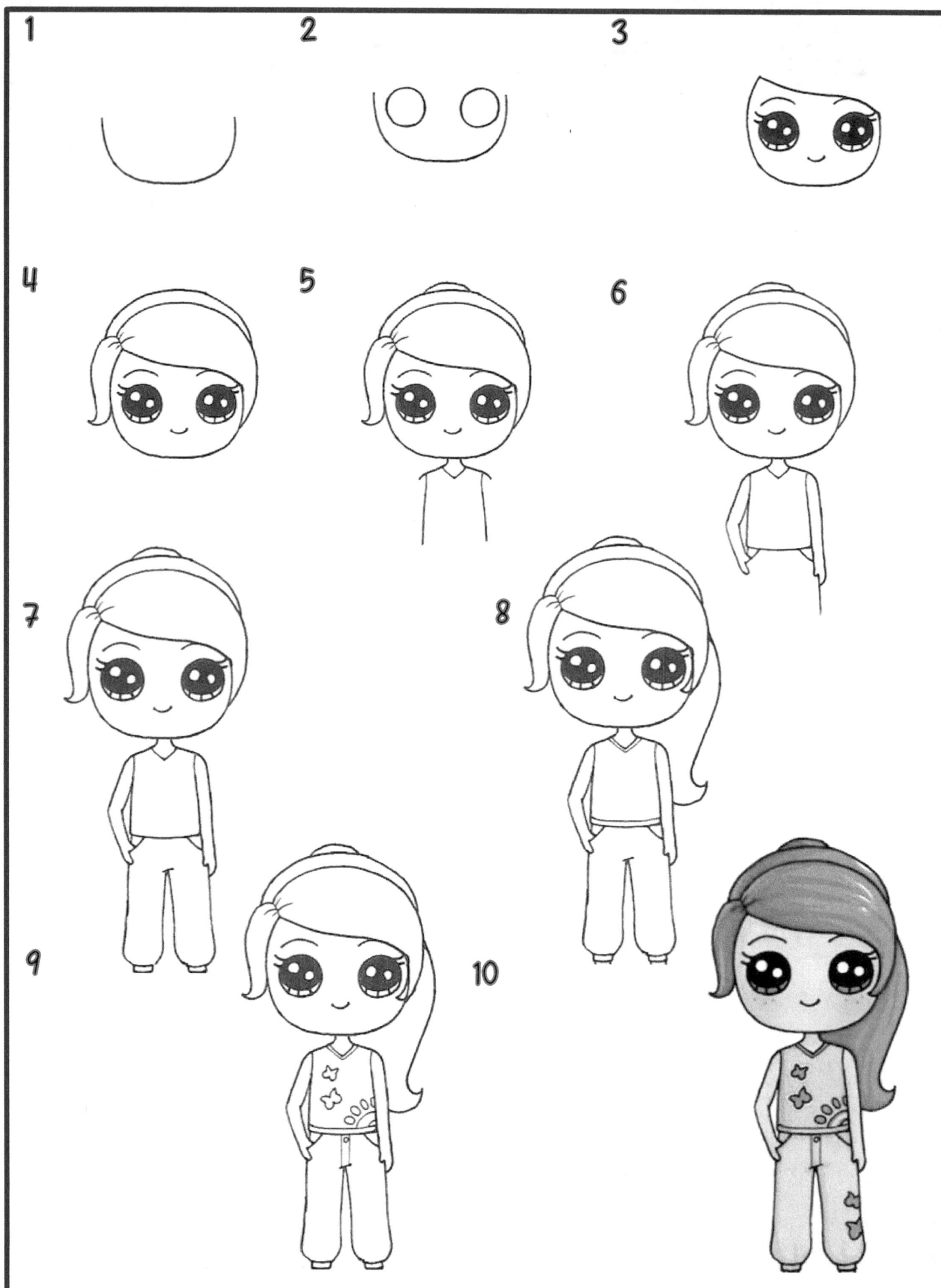

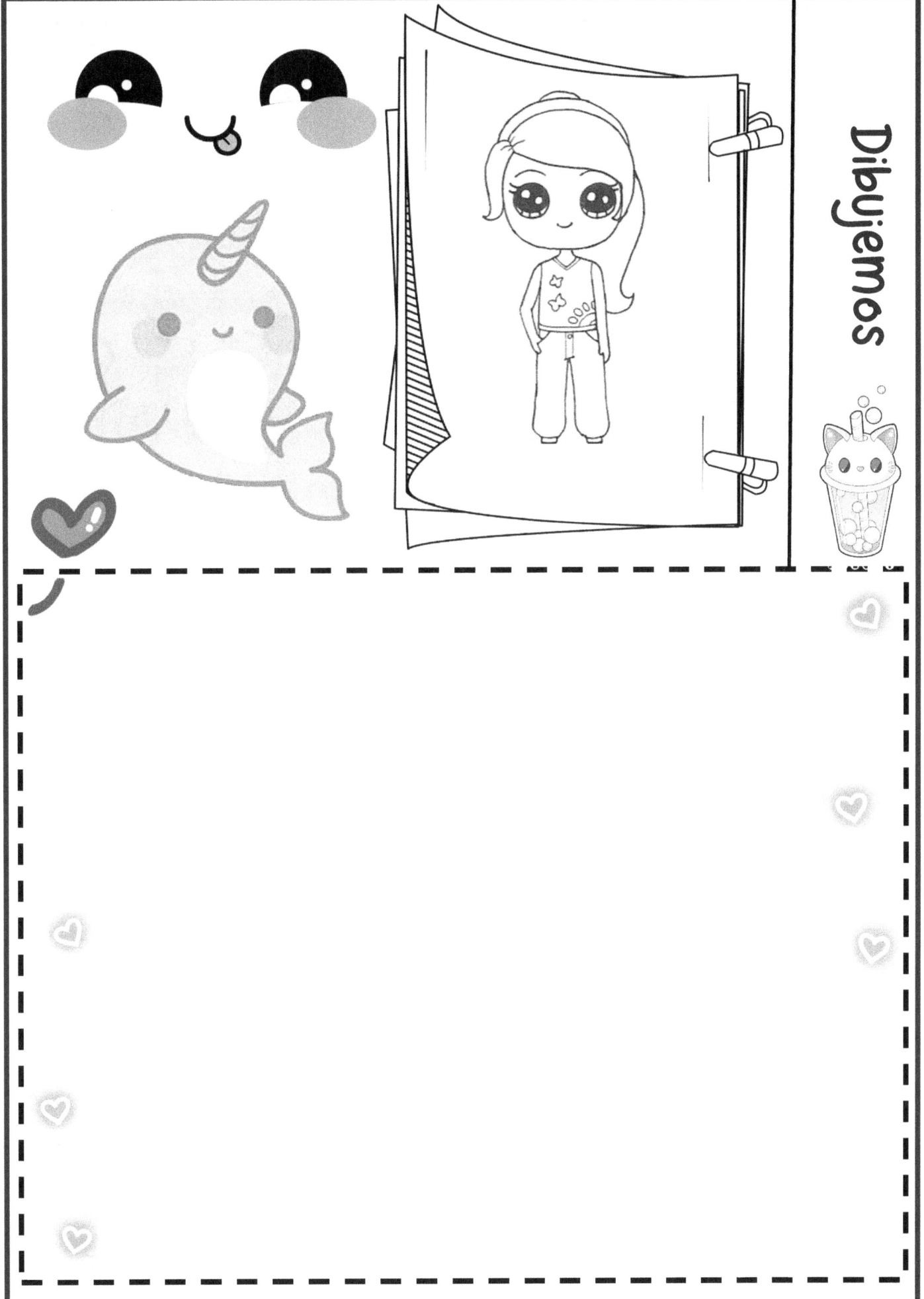

Dibujemos

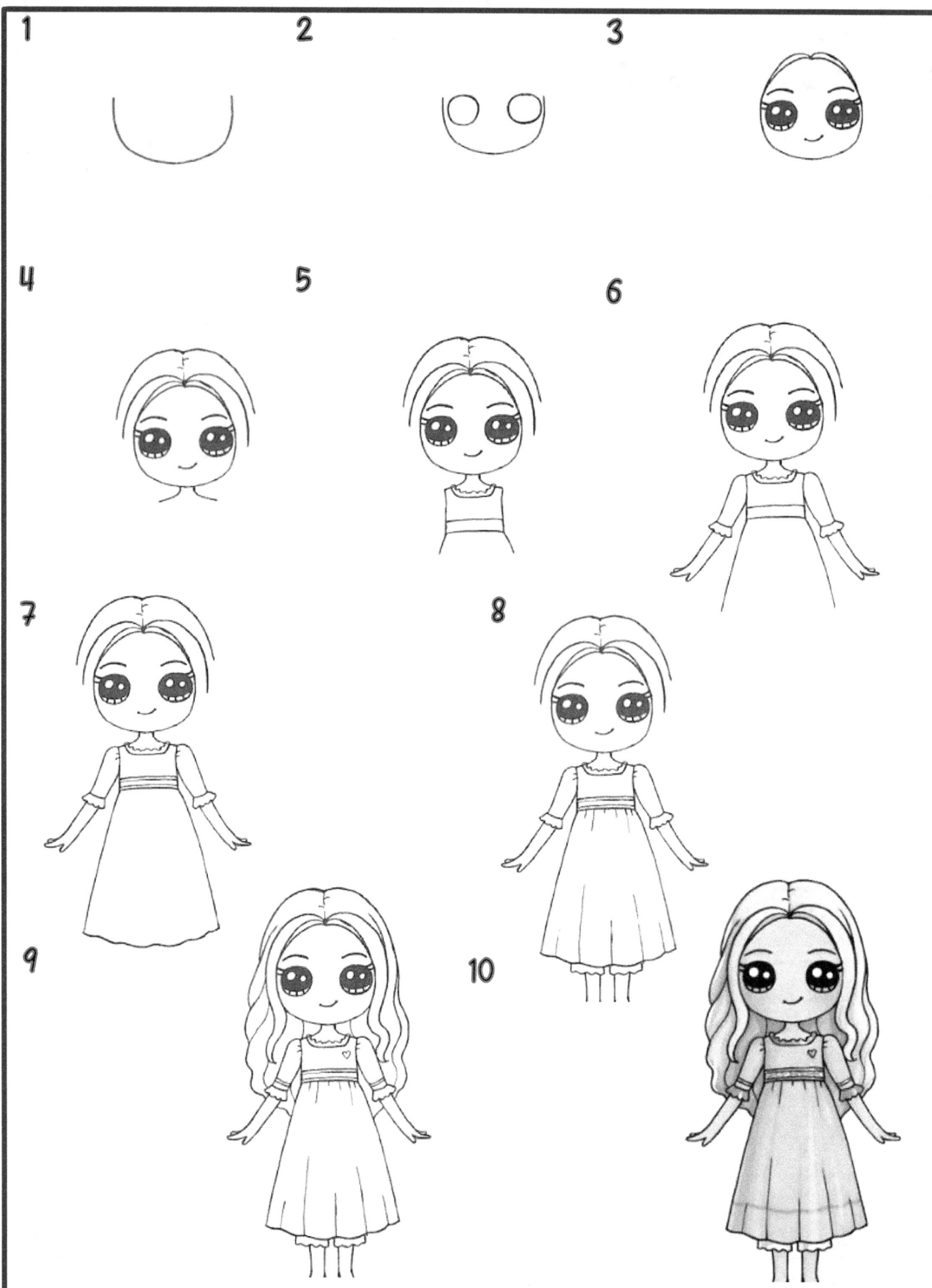

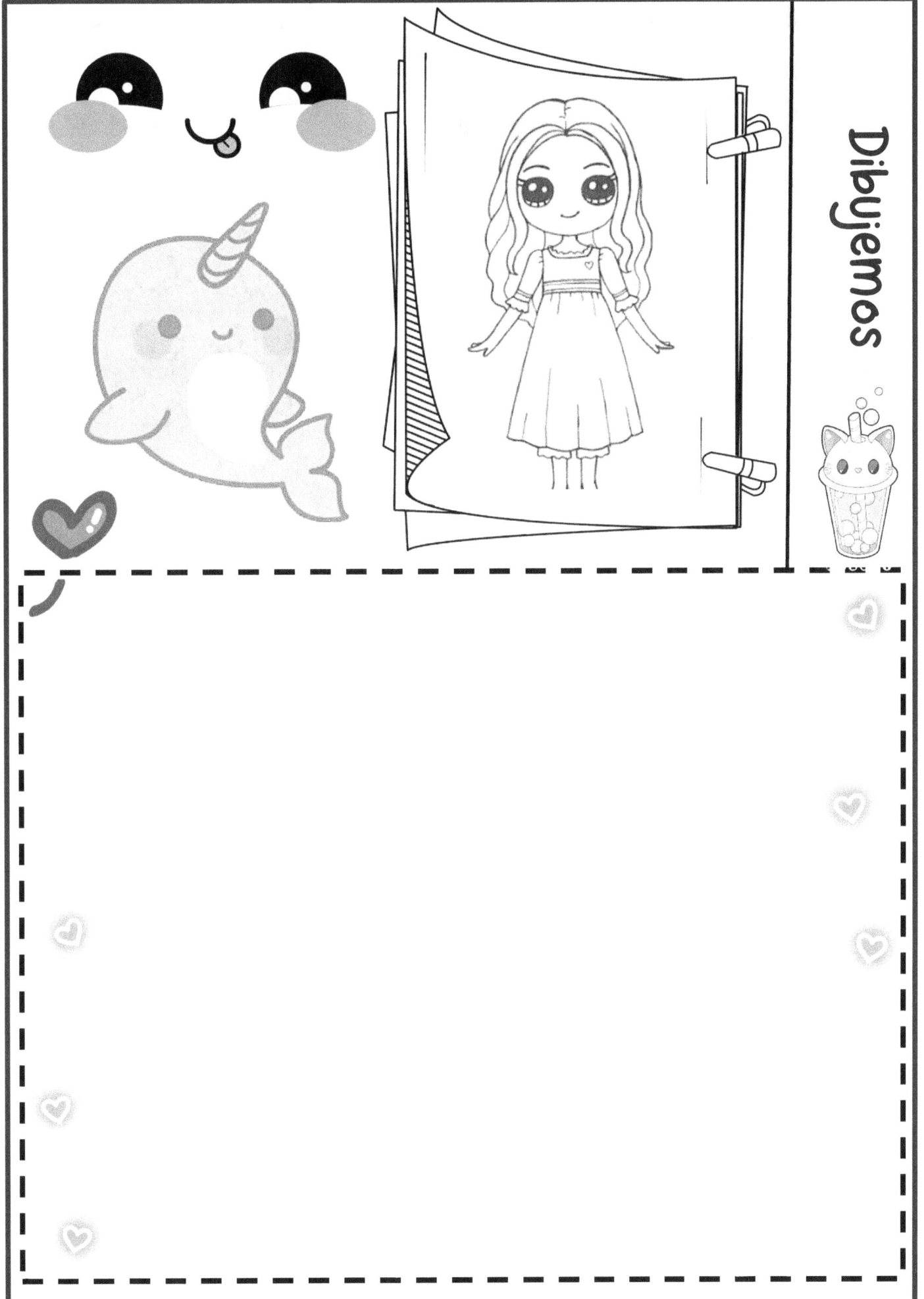

Dibujemos

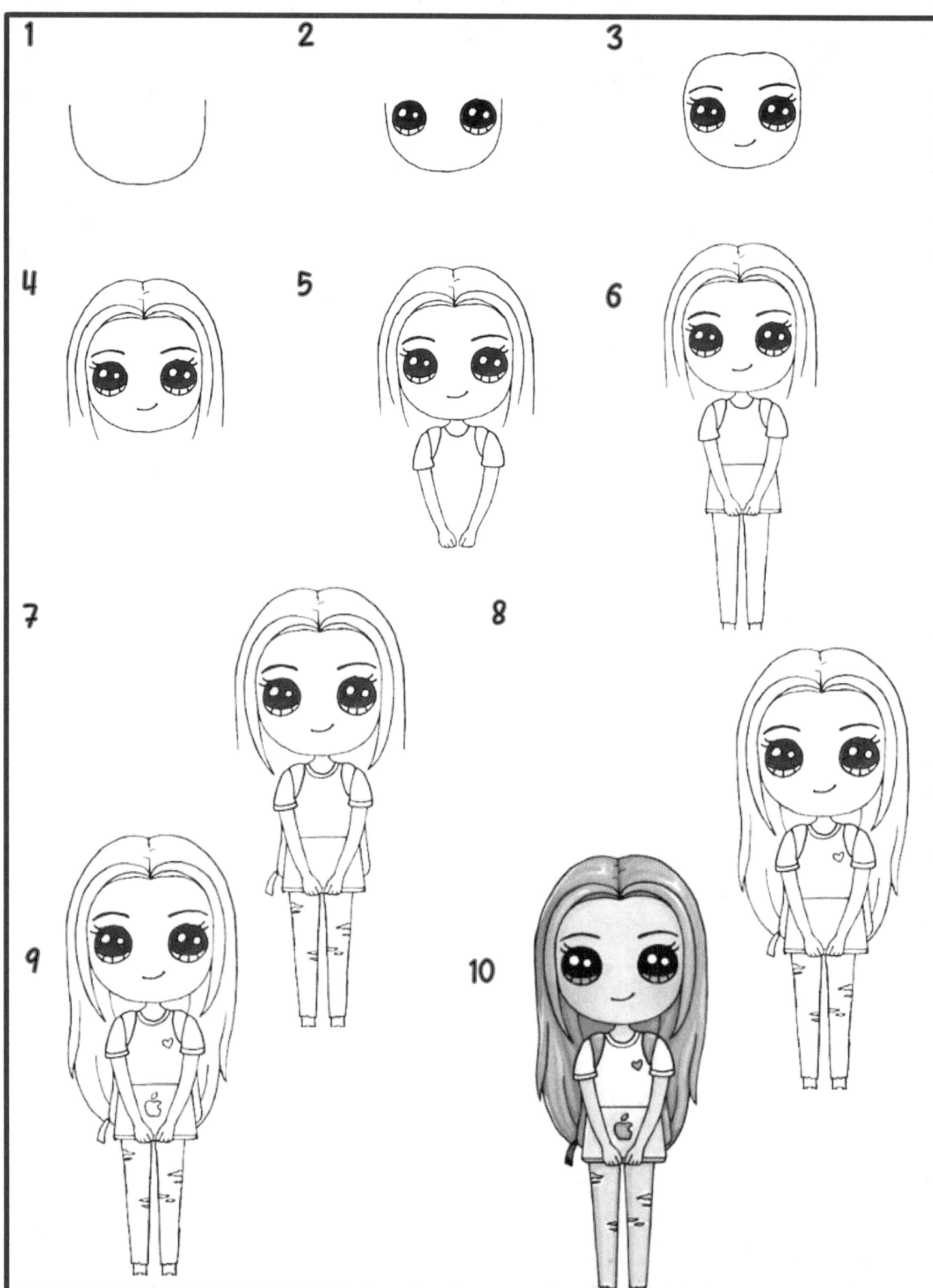

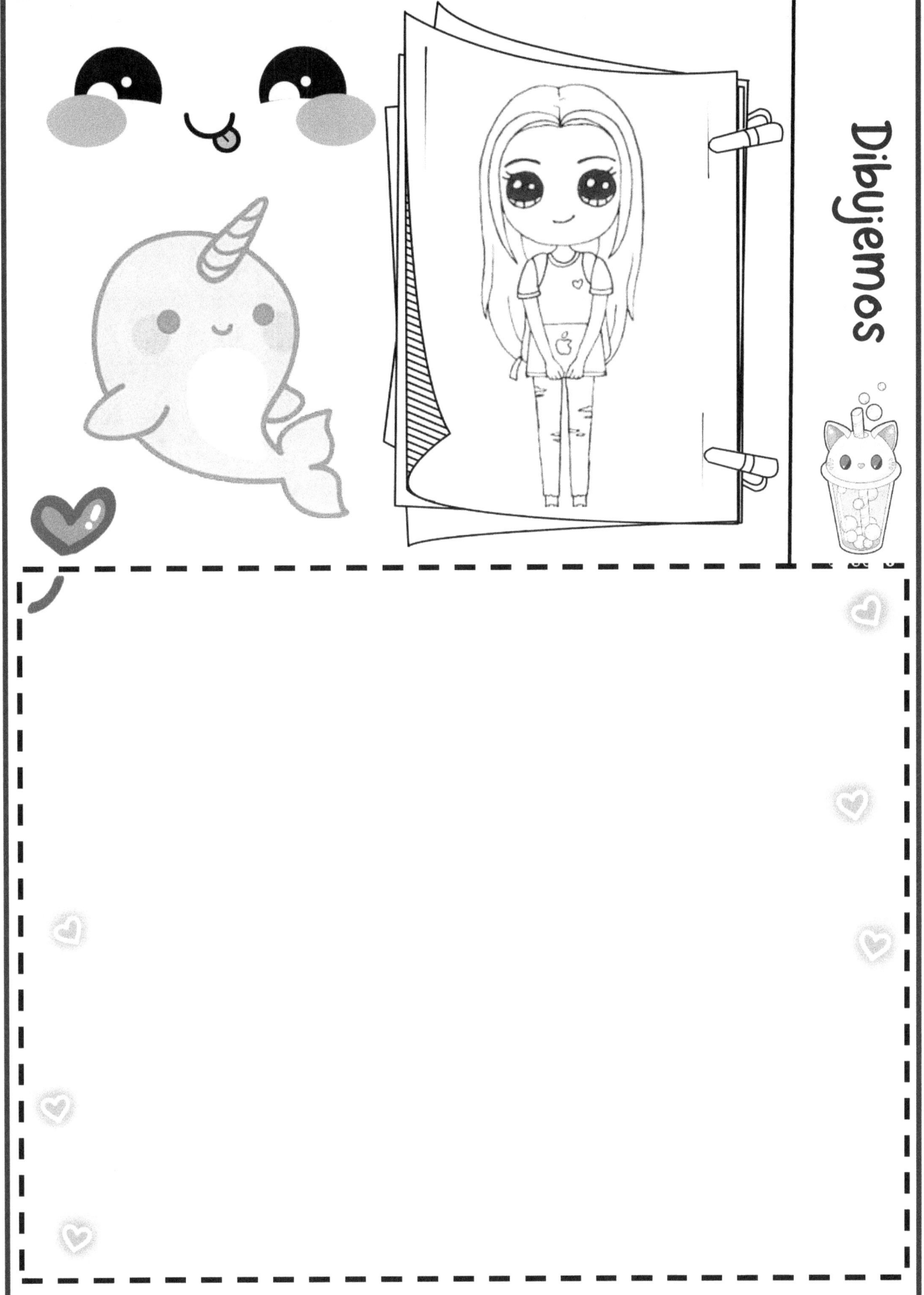

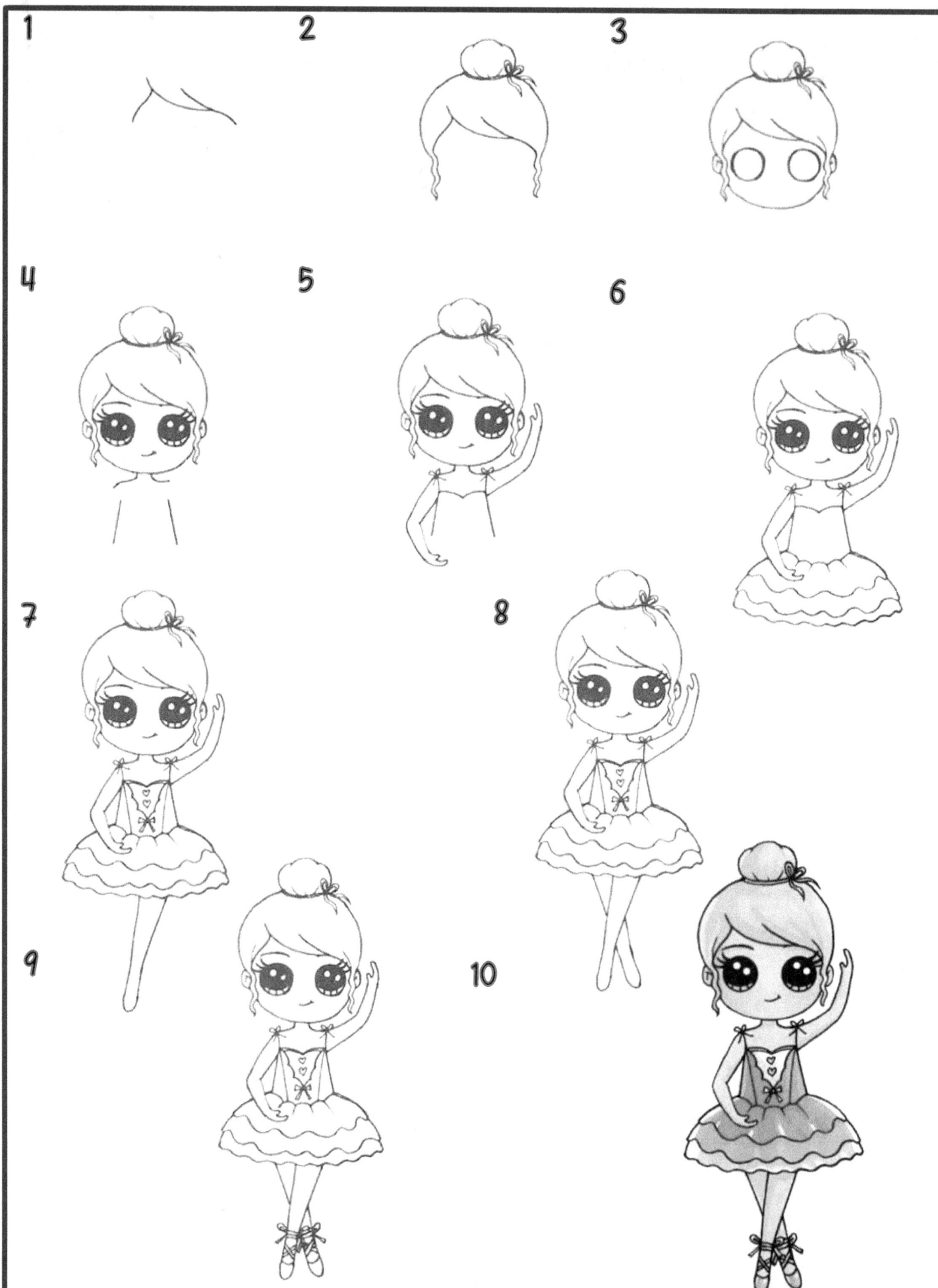

1

2

3

4

5

6

7

8

9

10

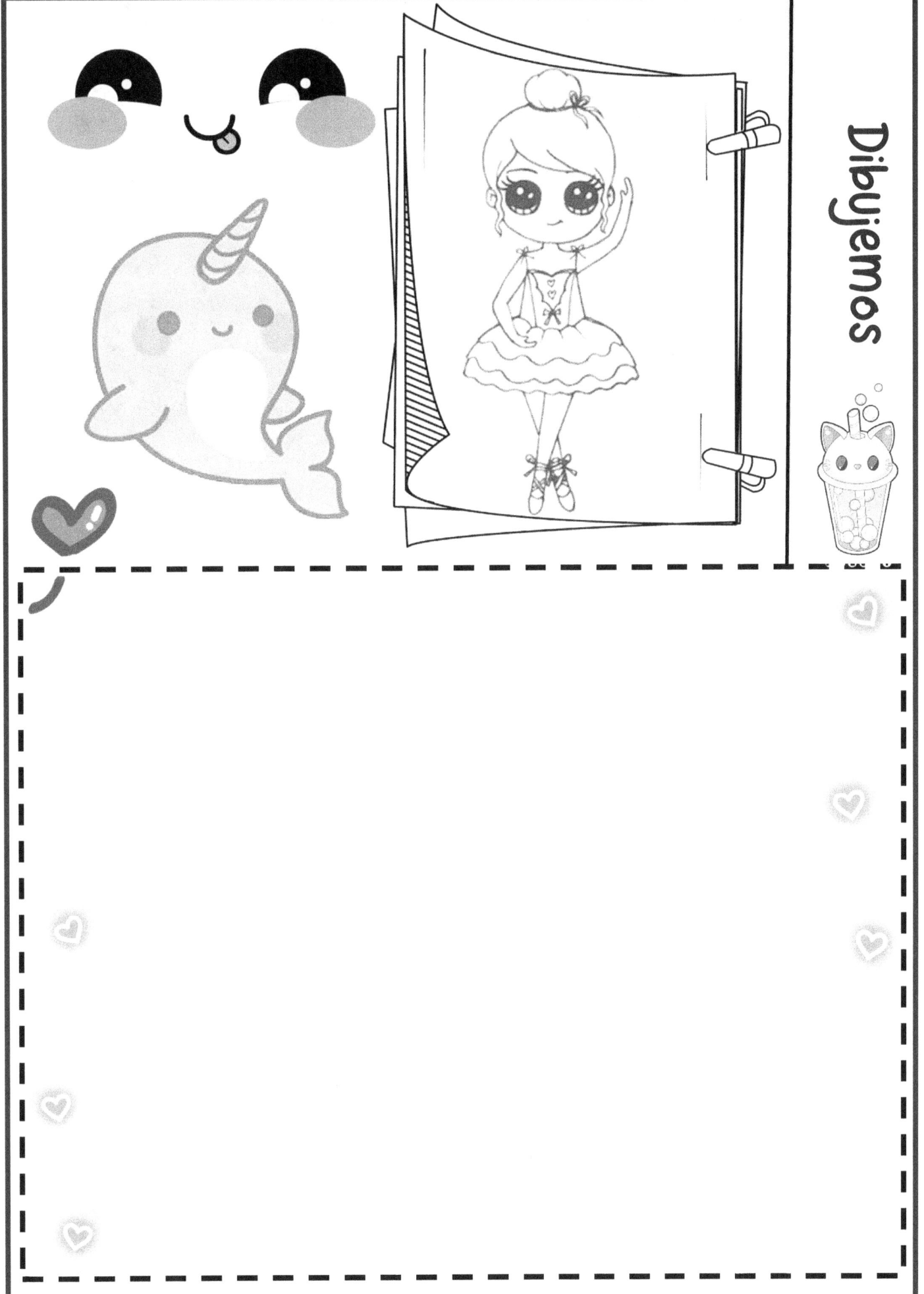

Dibujemos

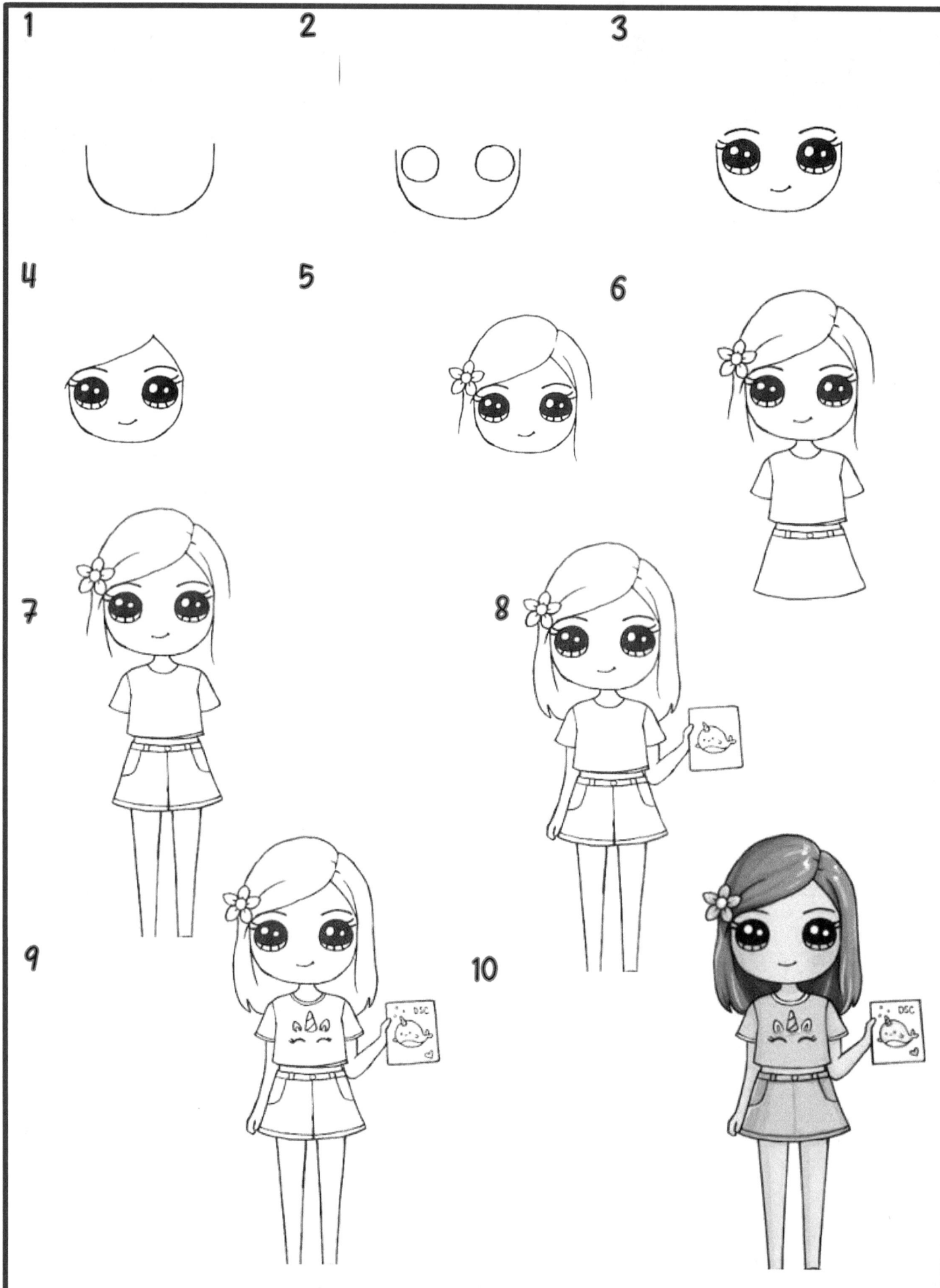

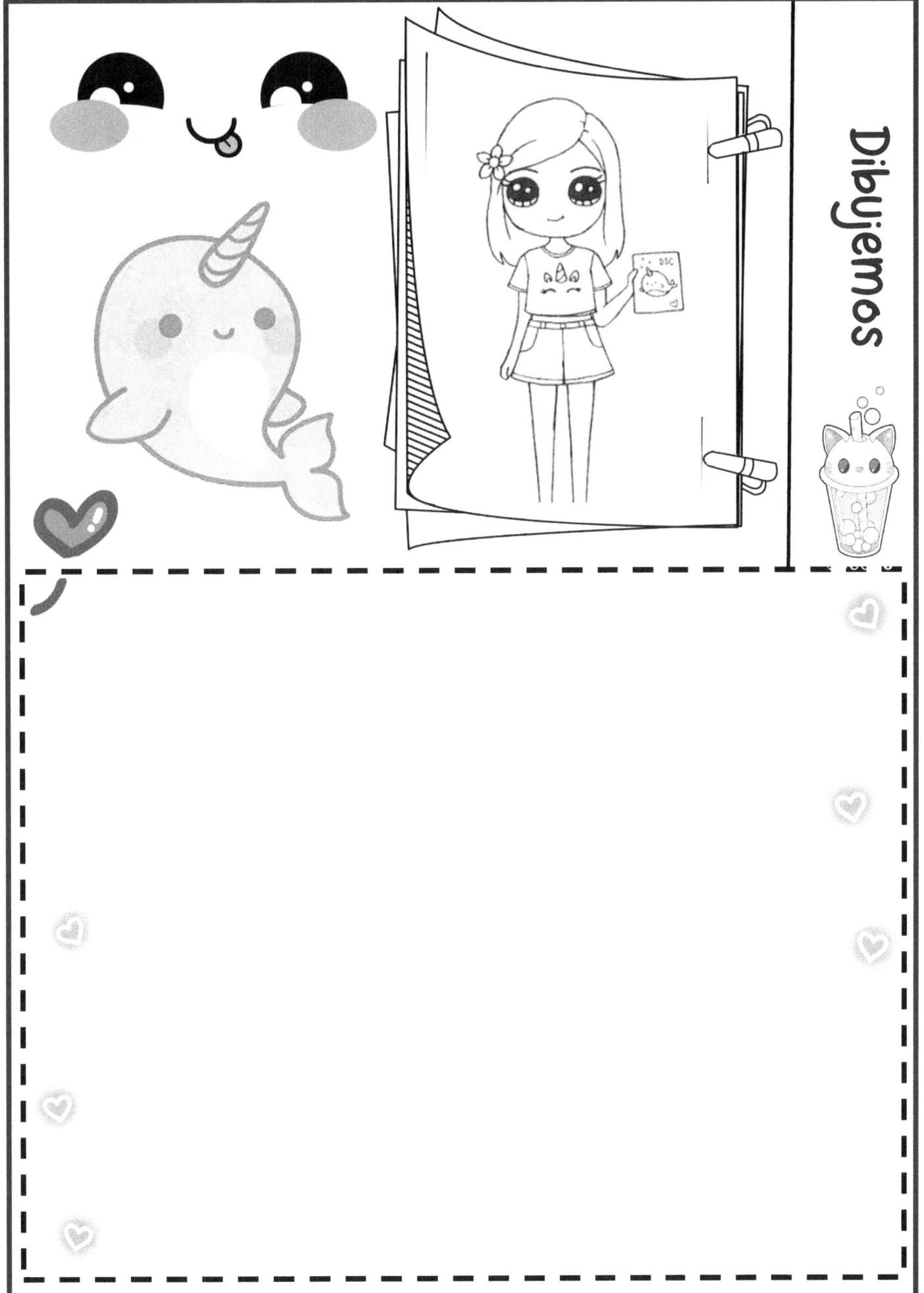

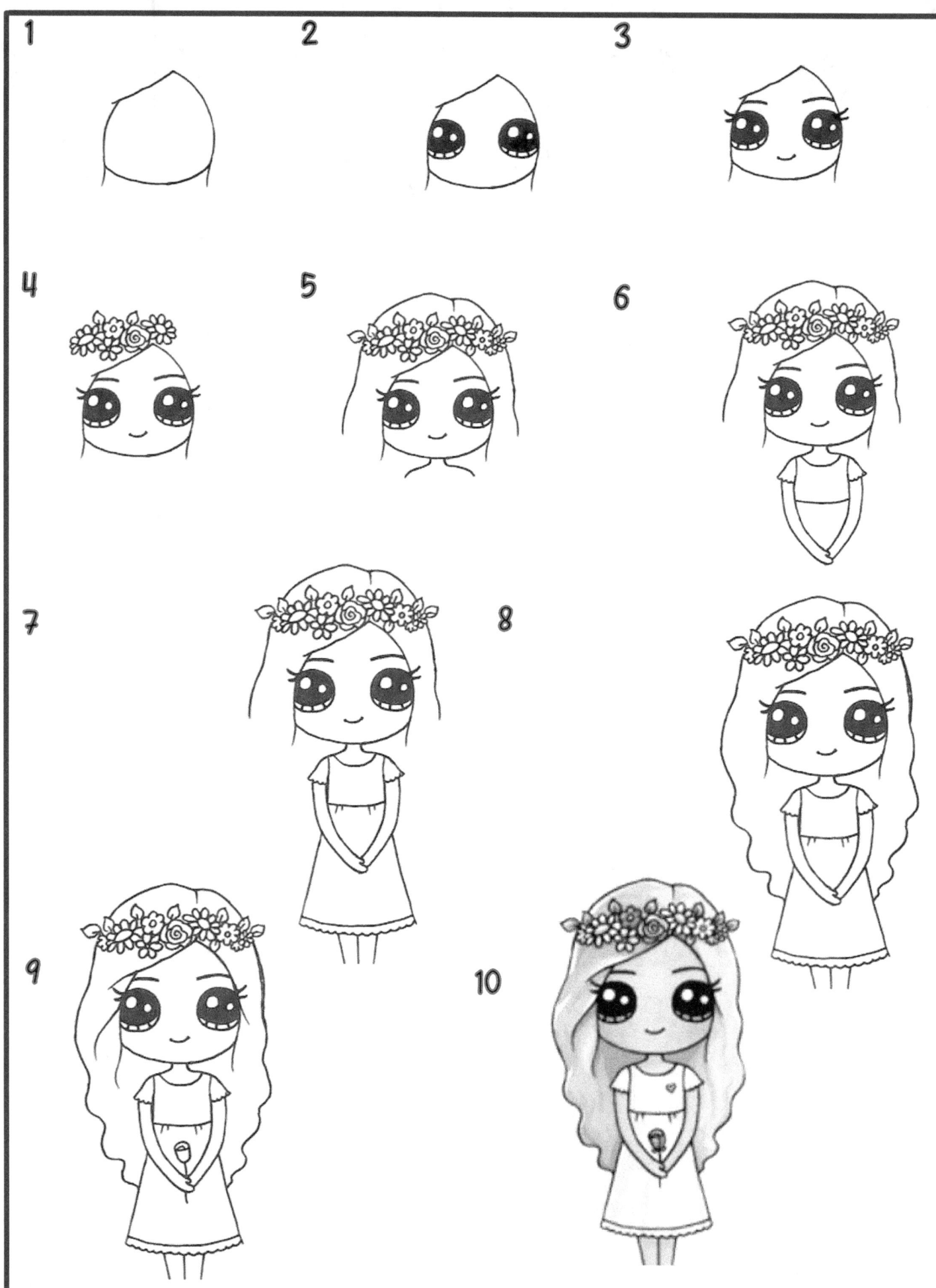

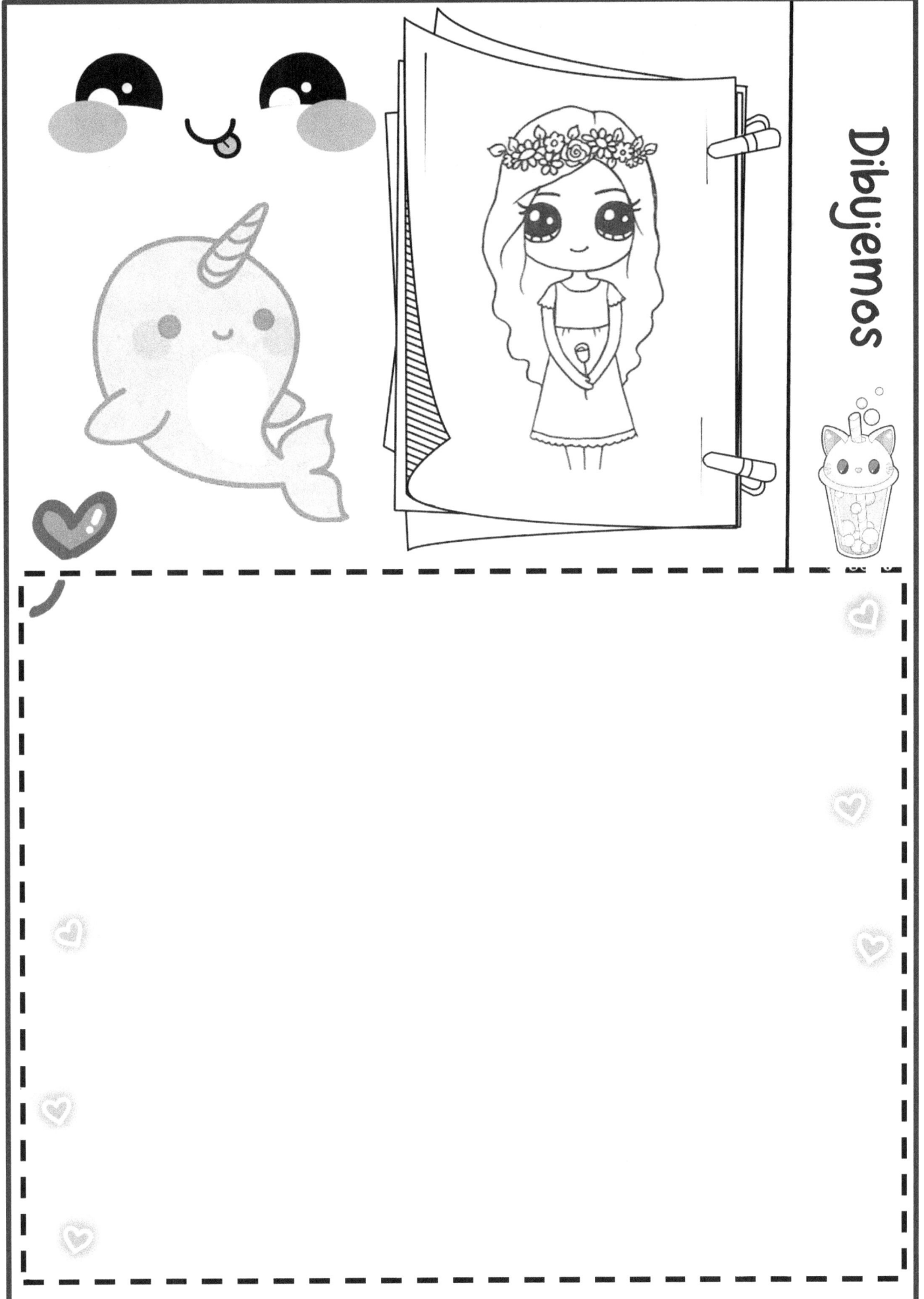

Dibujemos

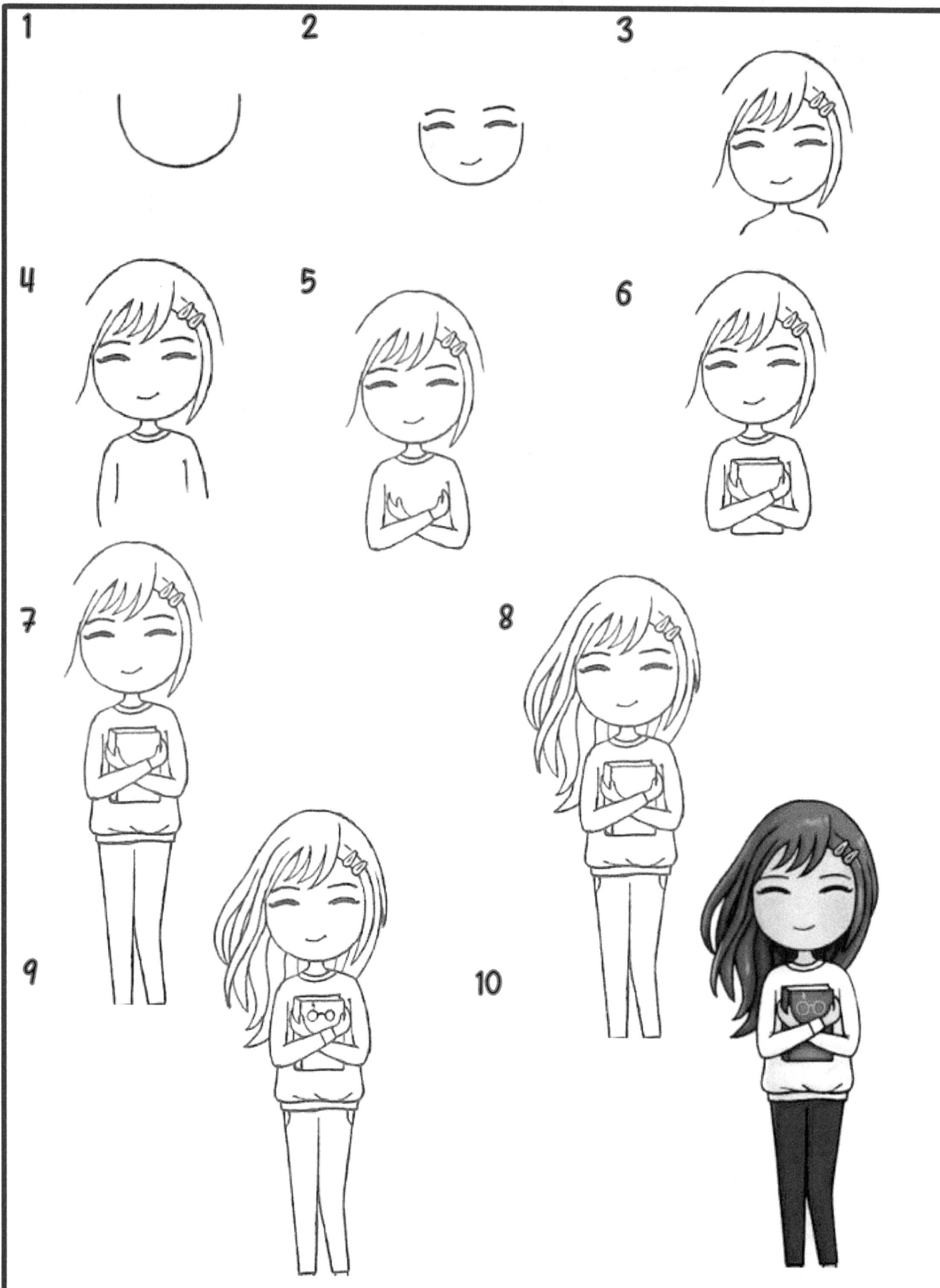

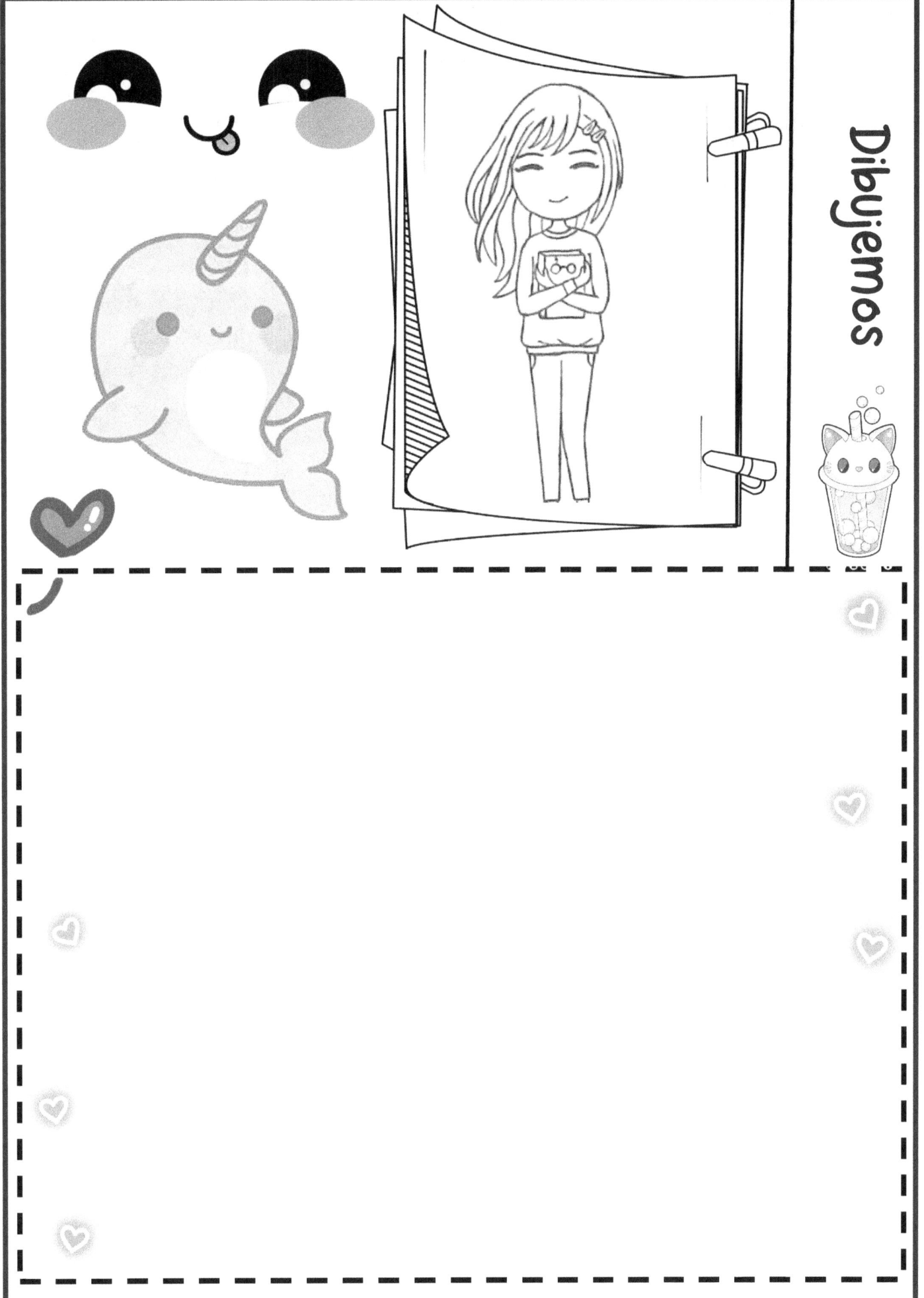

Dibujemos

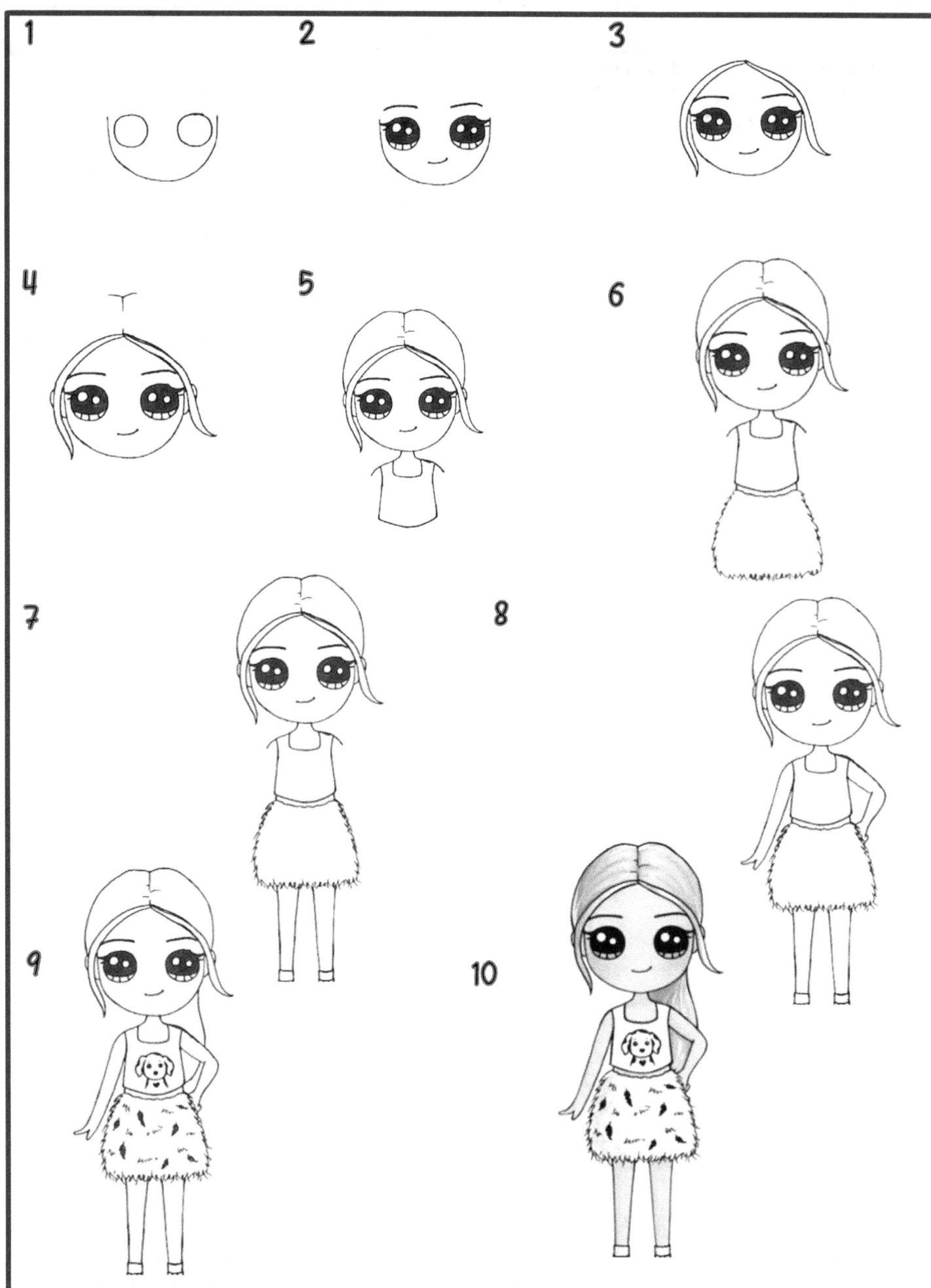

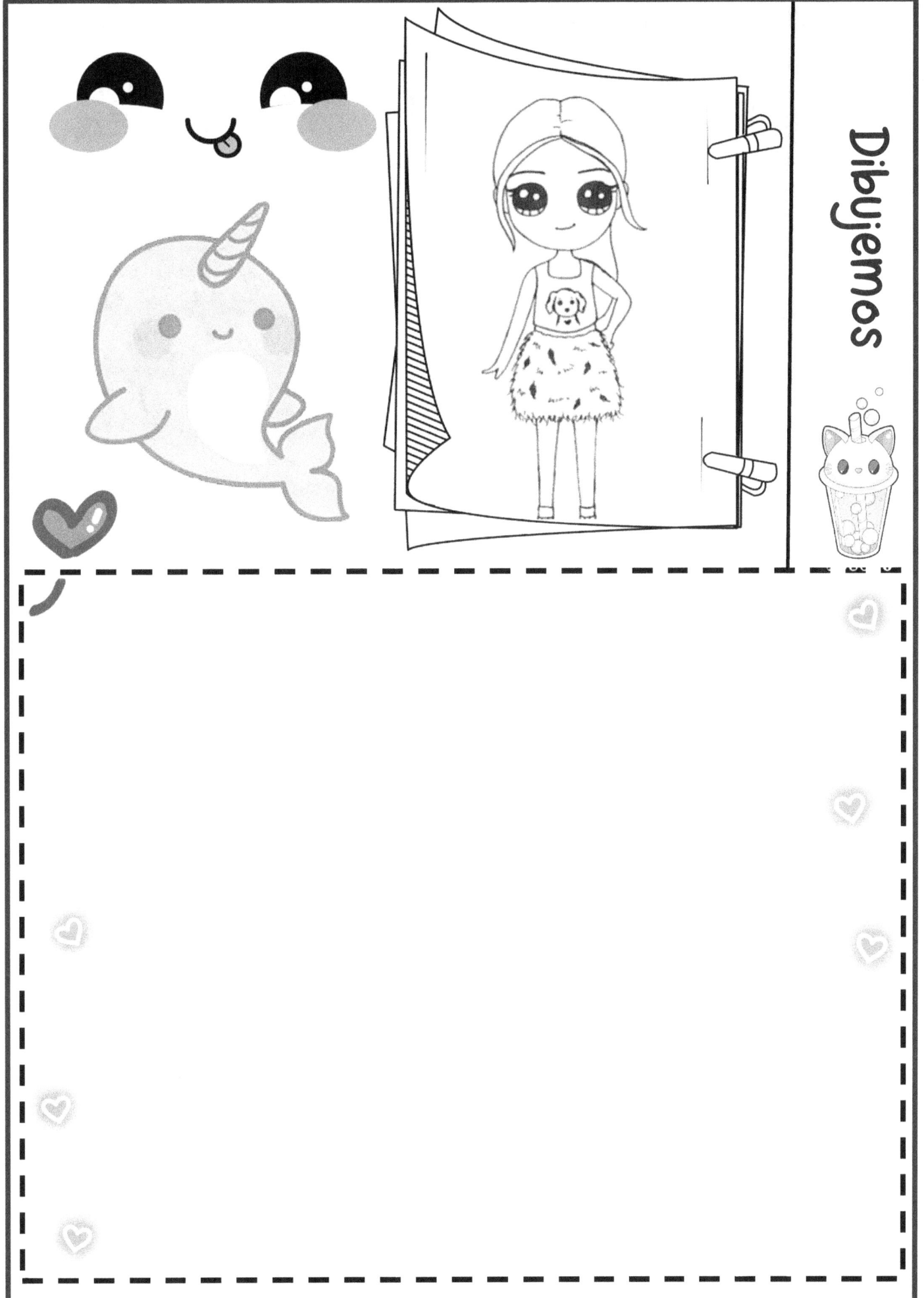

Dibujemos

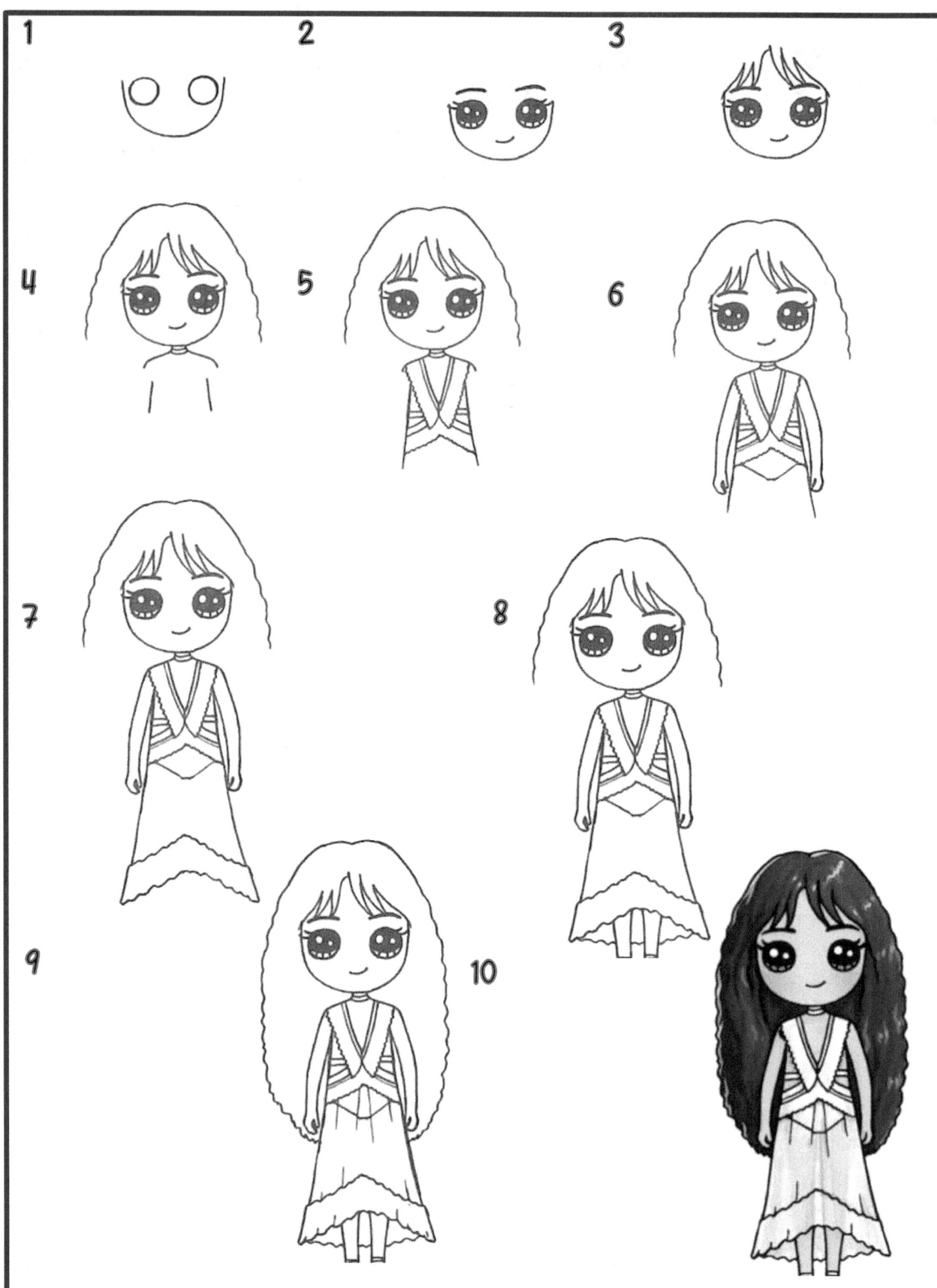

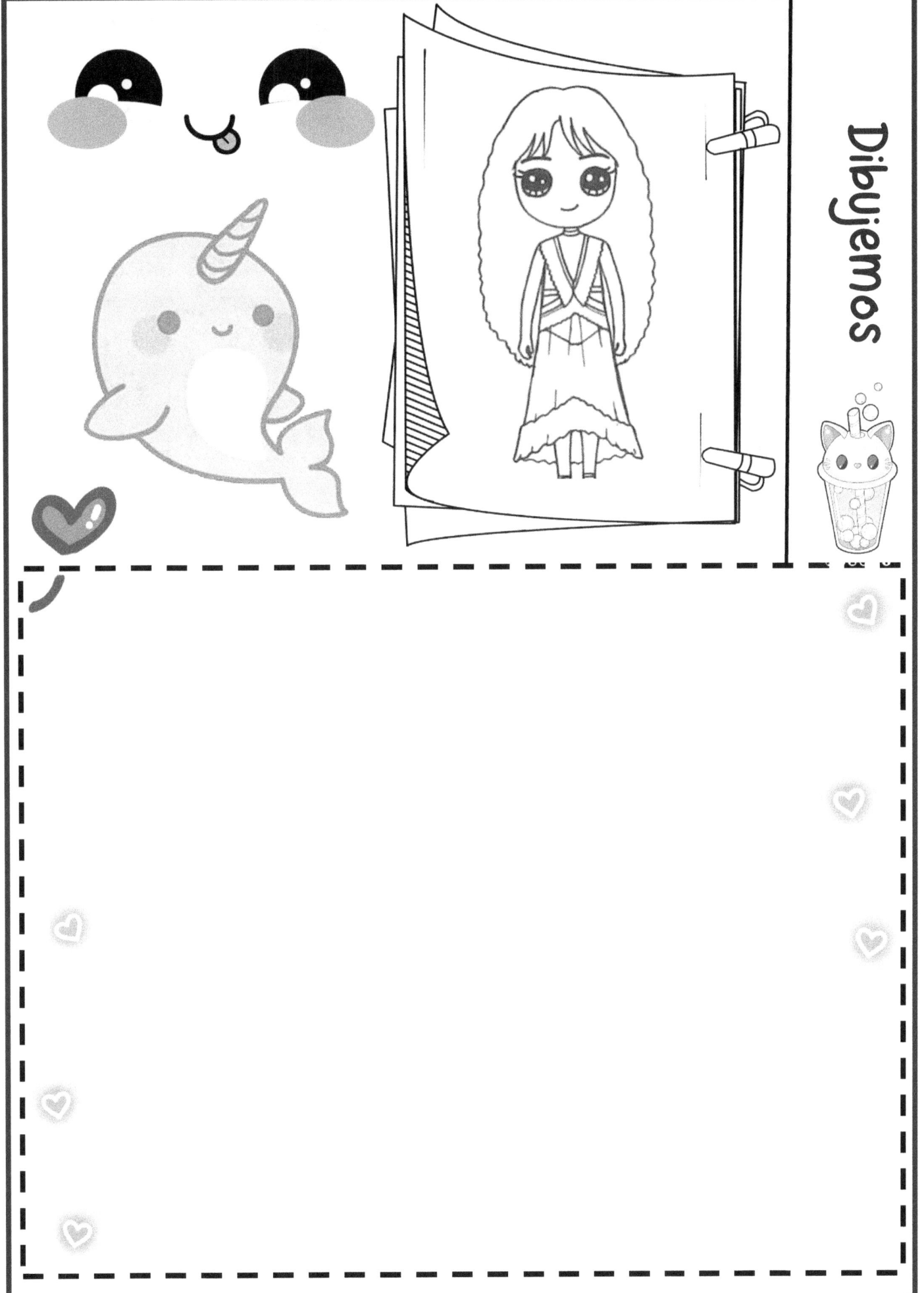

Dibujemos

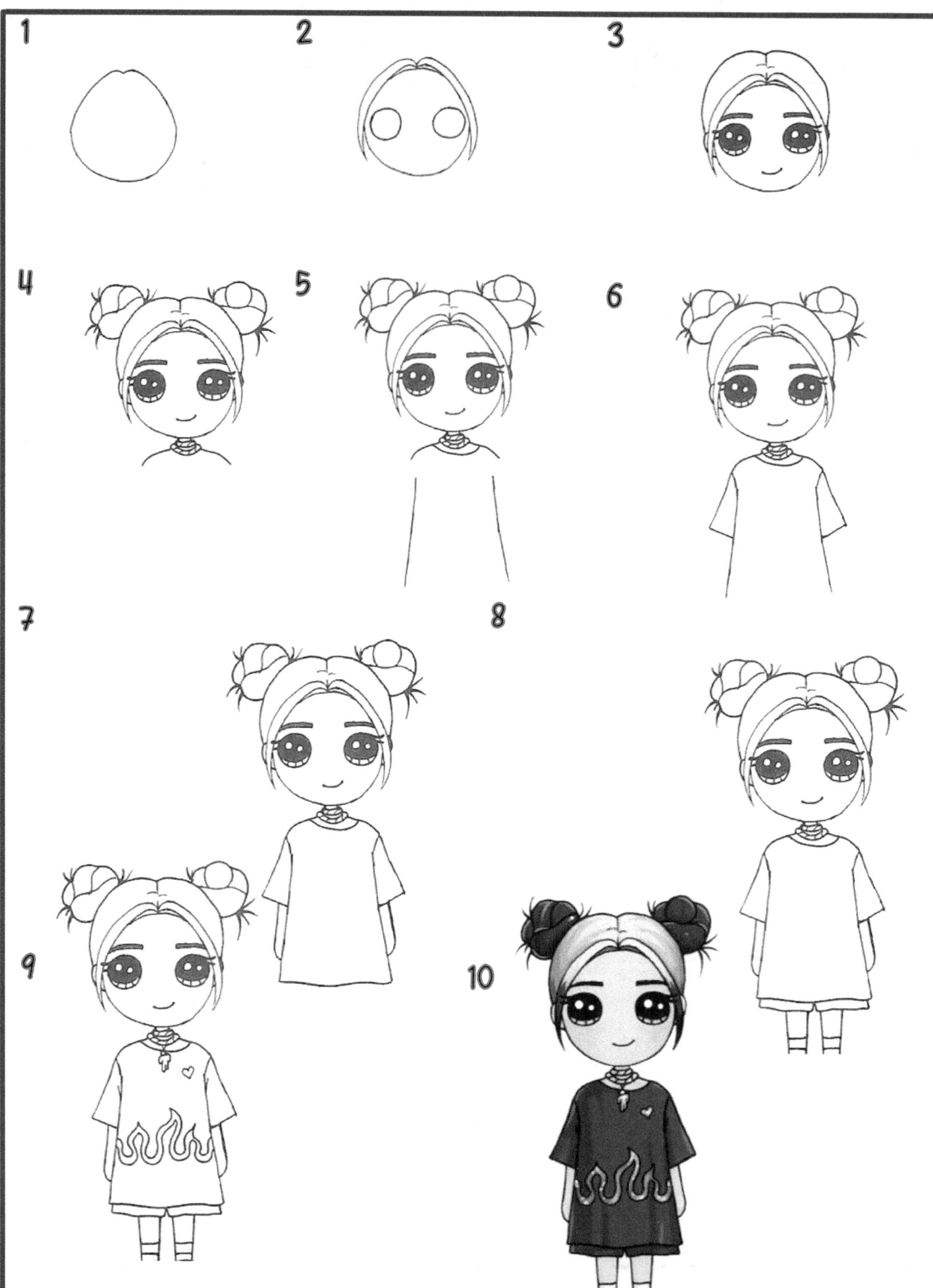

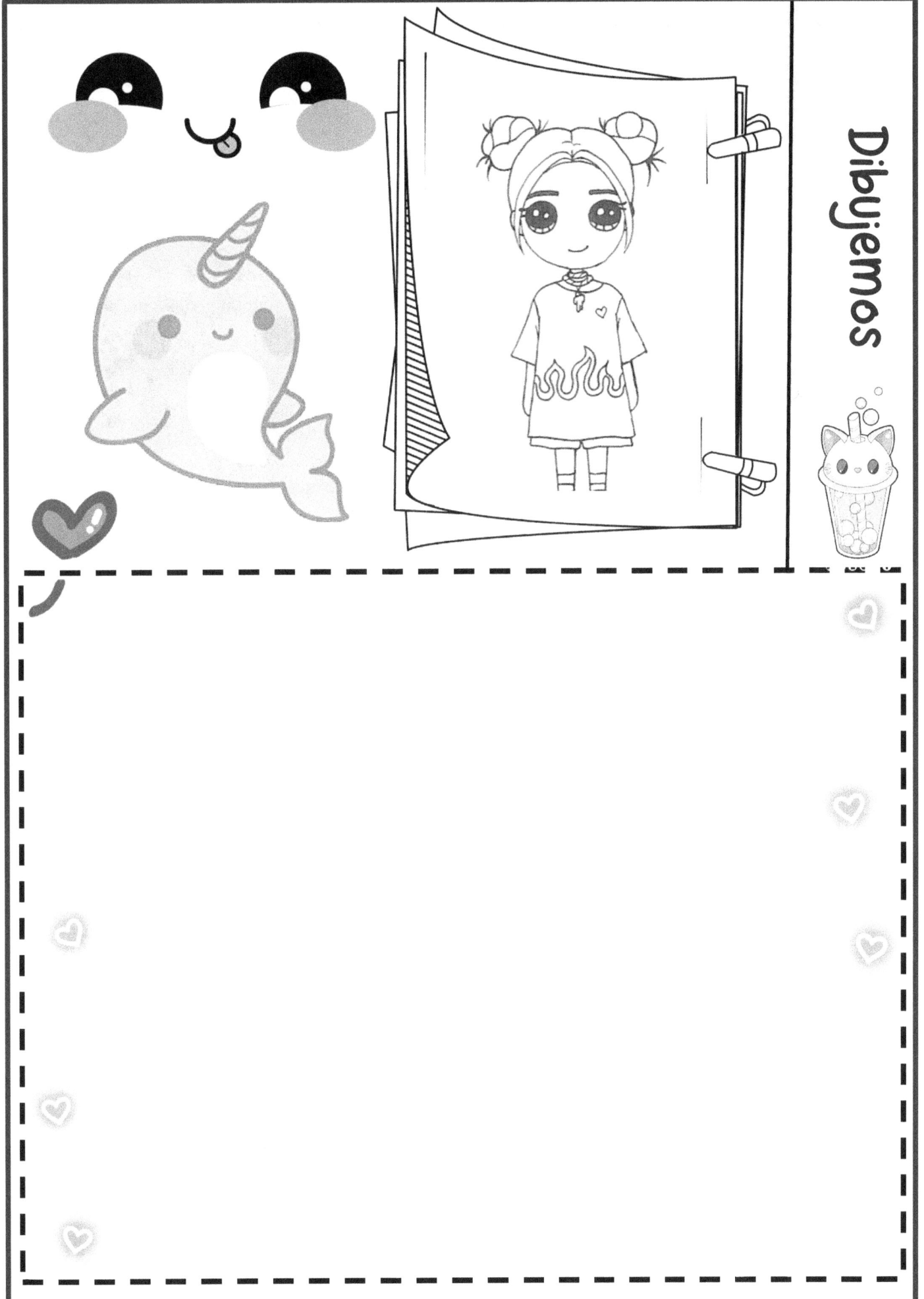

Dibujemos

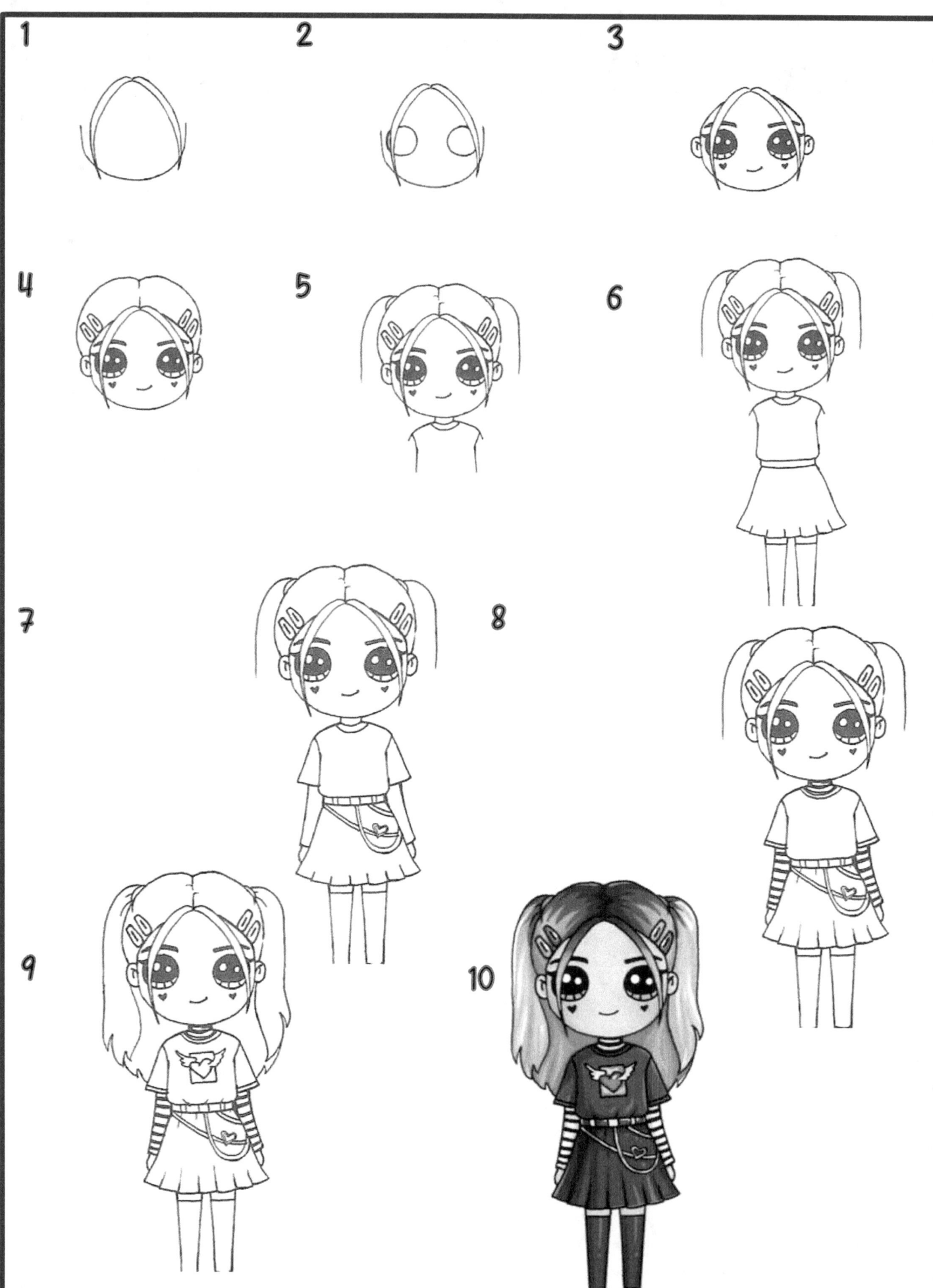

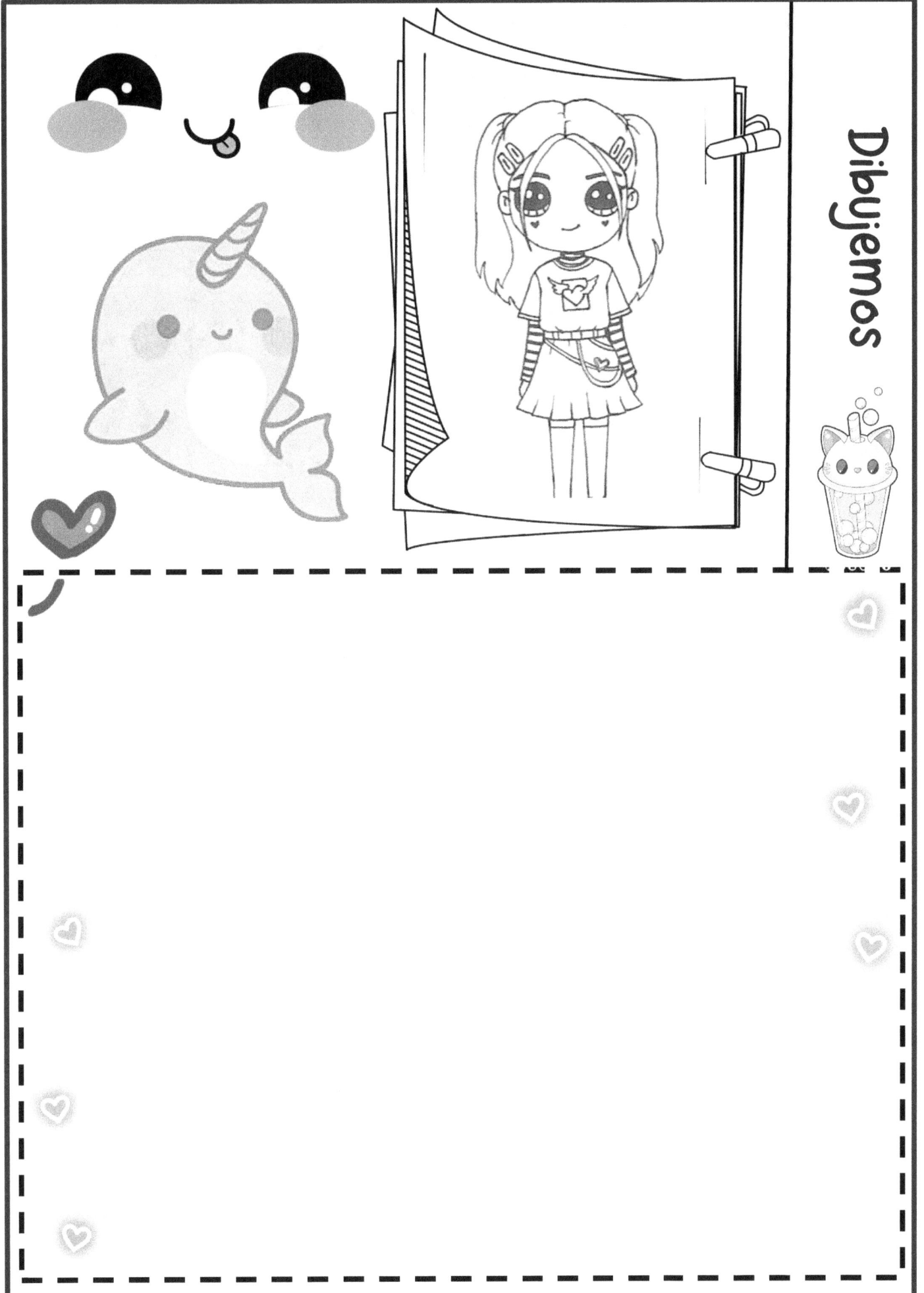

Dibujemos

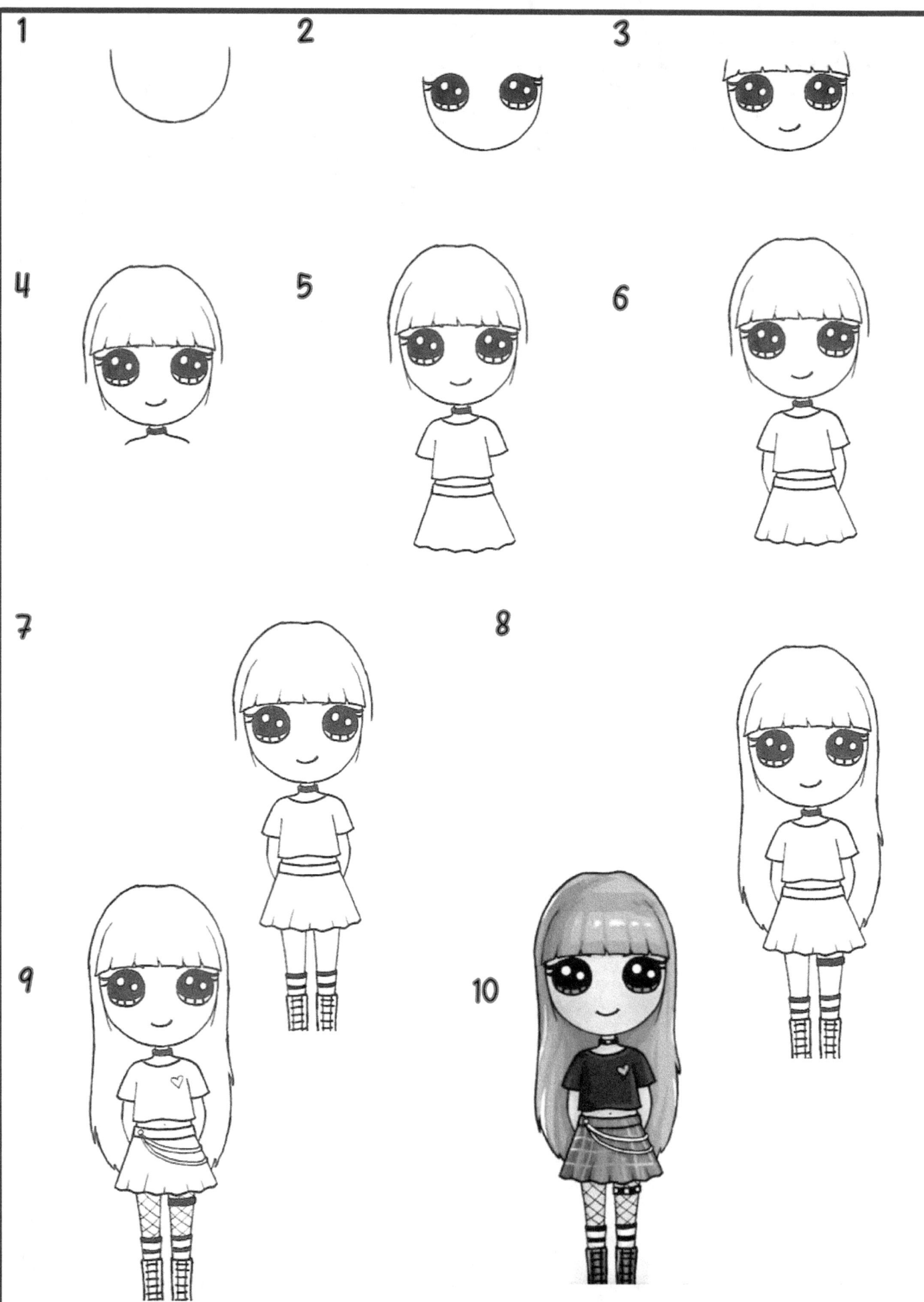

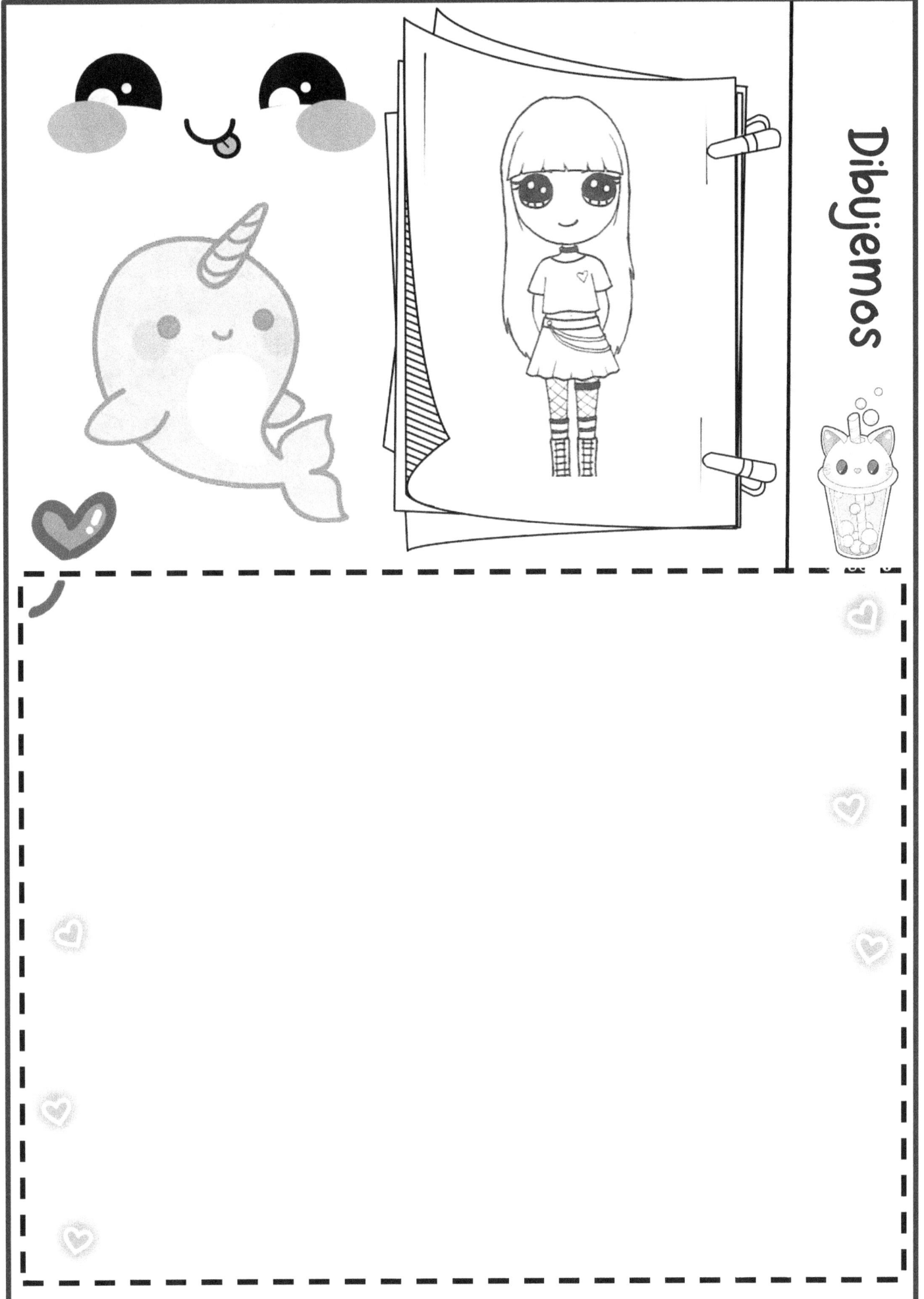

Dibujemos

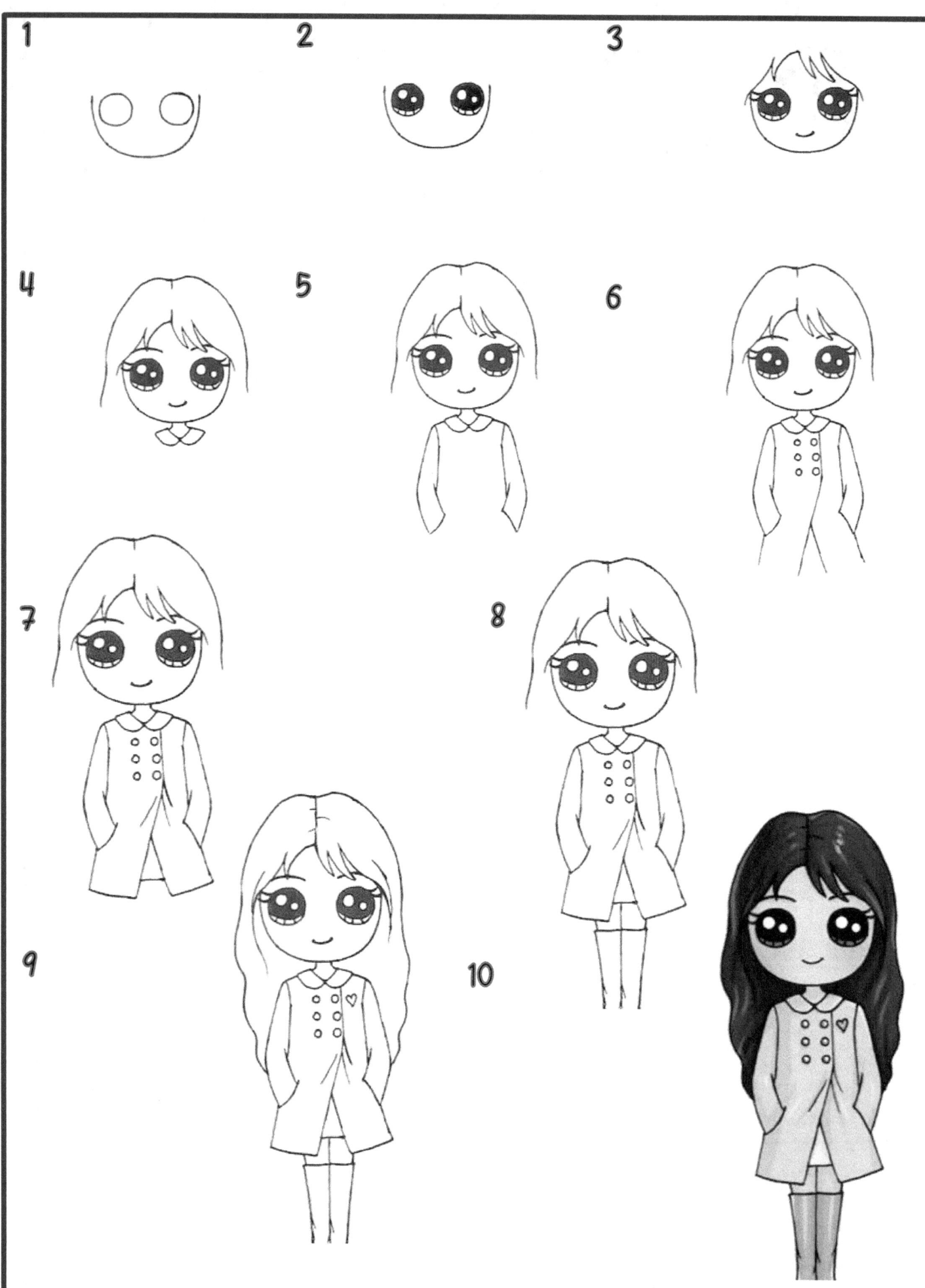

1   2   3

4   5   6

7   8

9   10

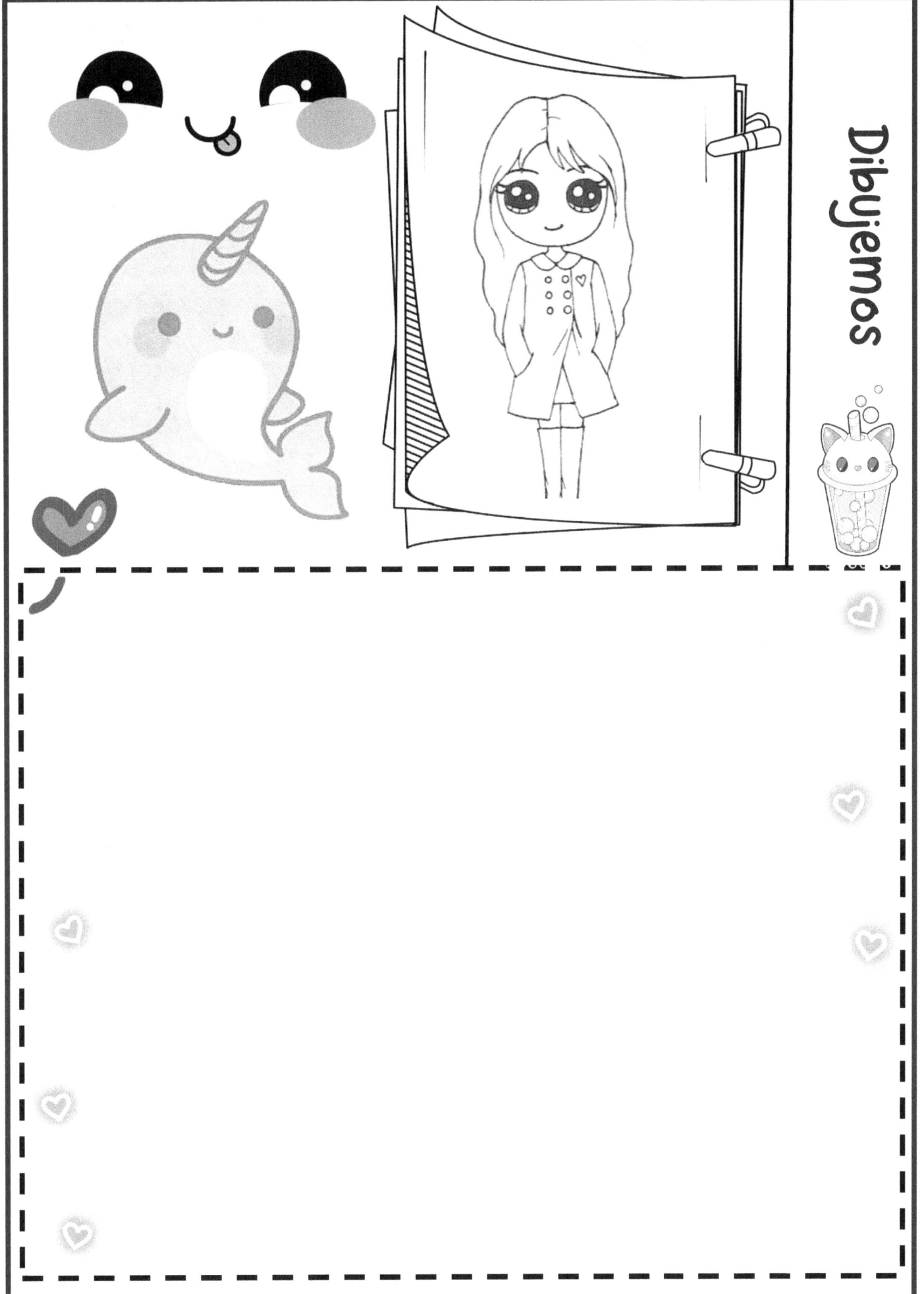

Dibujemos

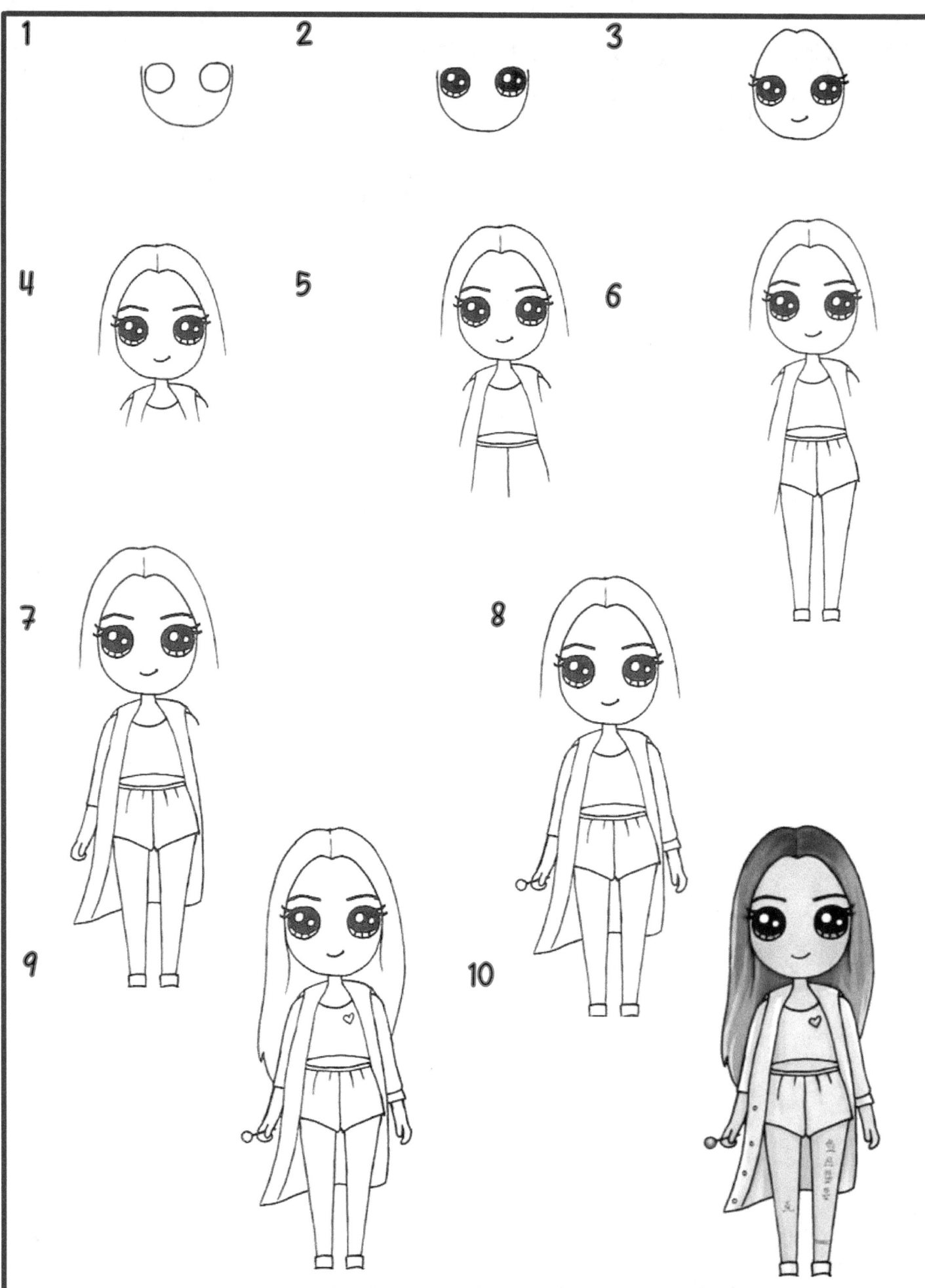

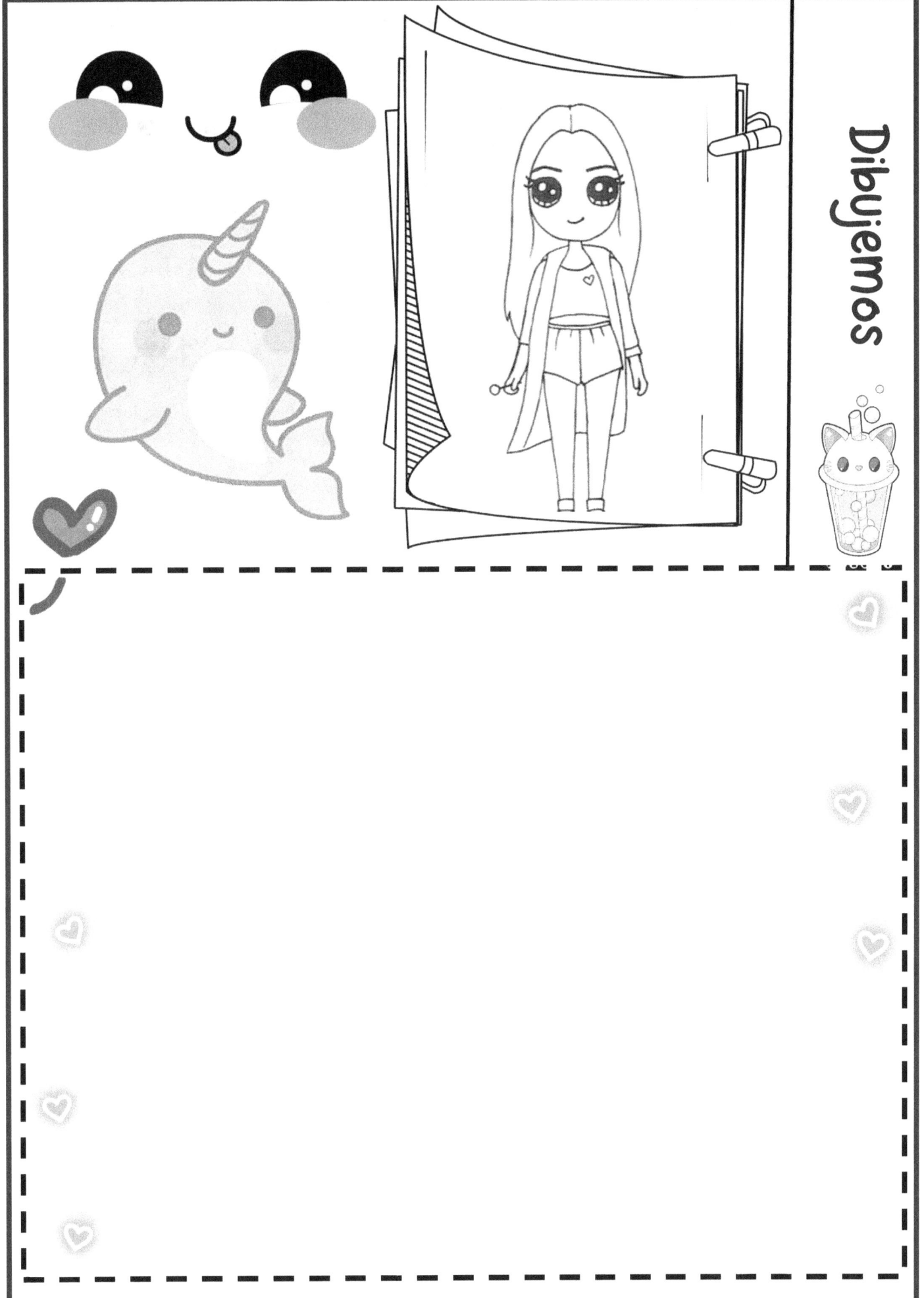

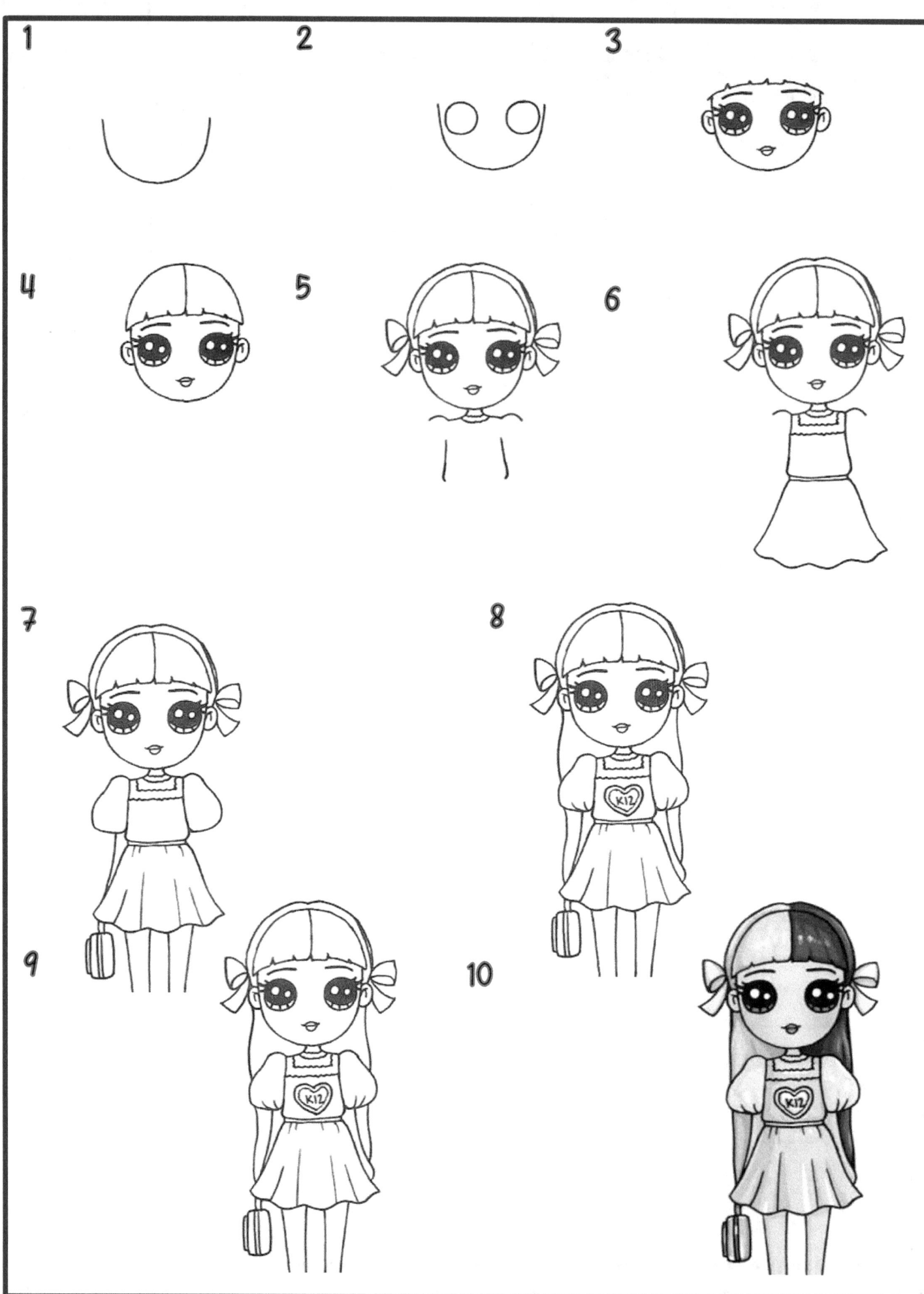

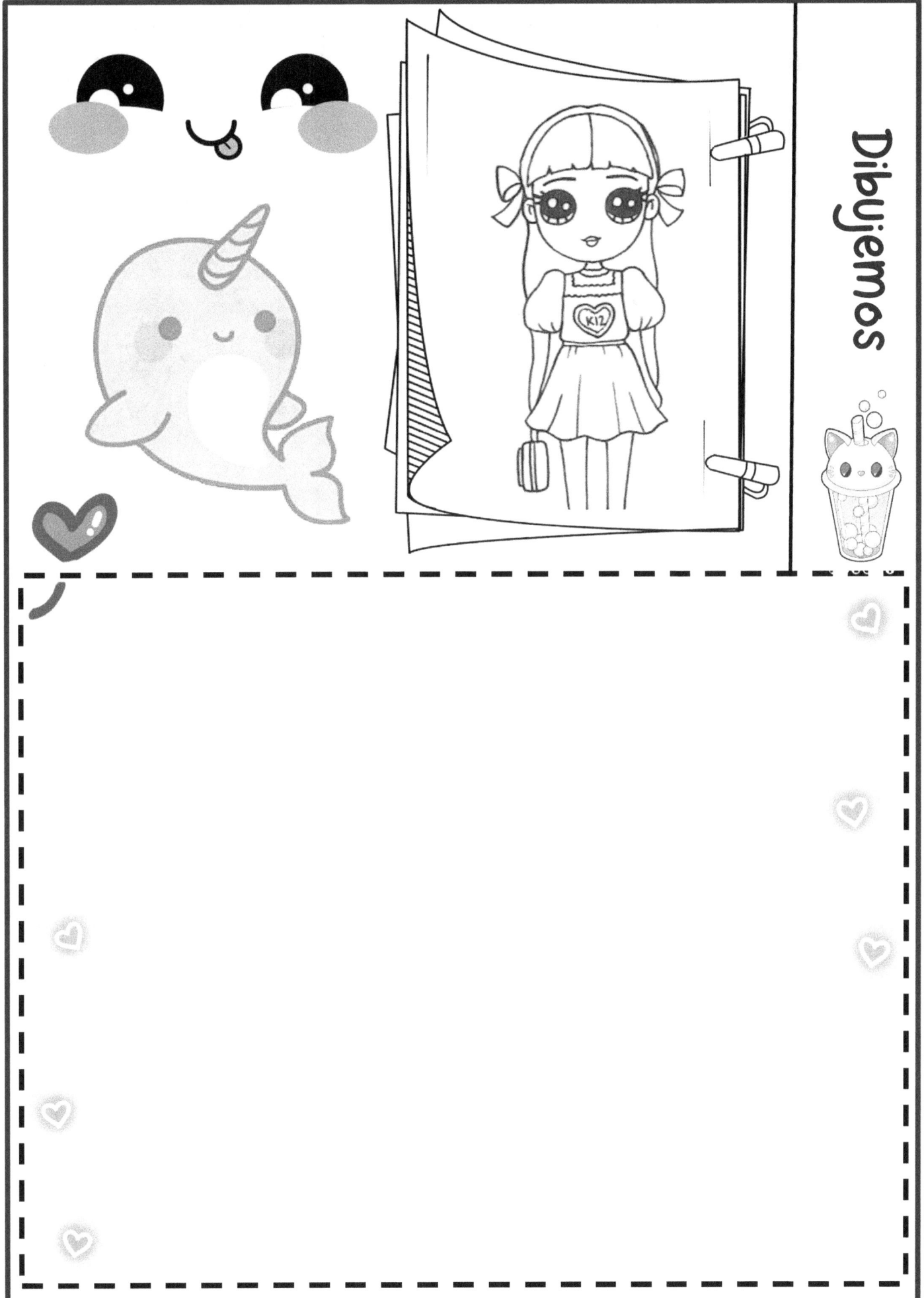

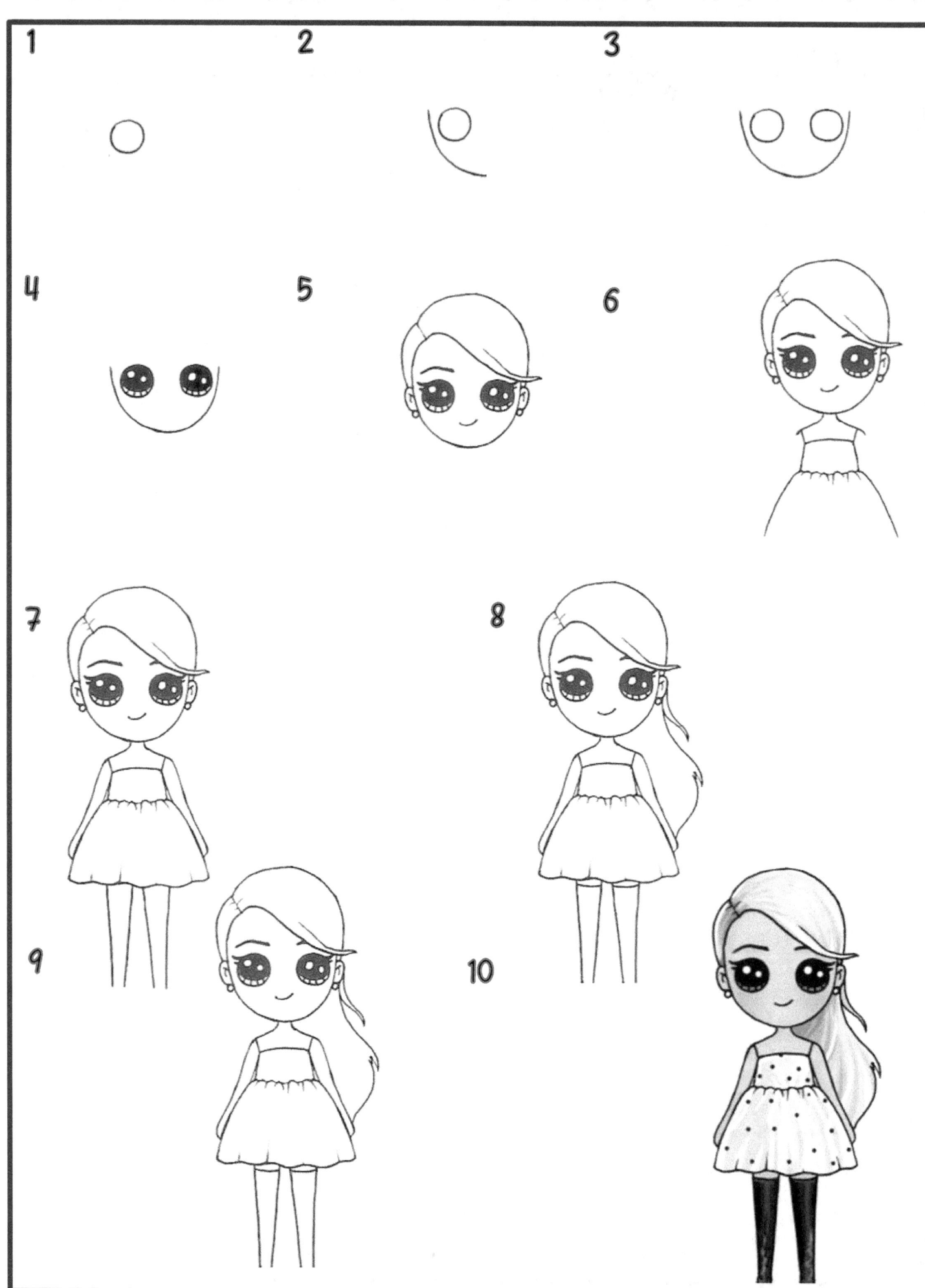

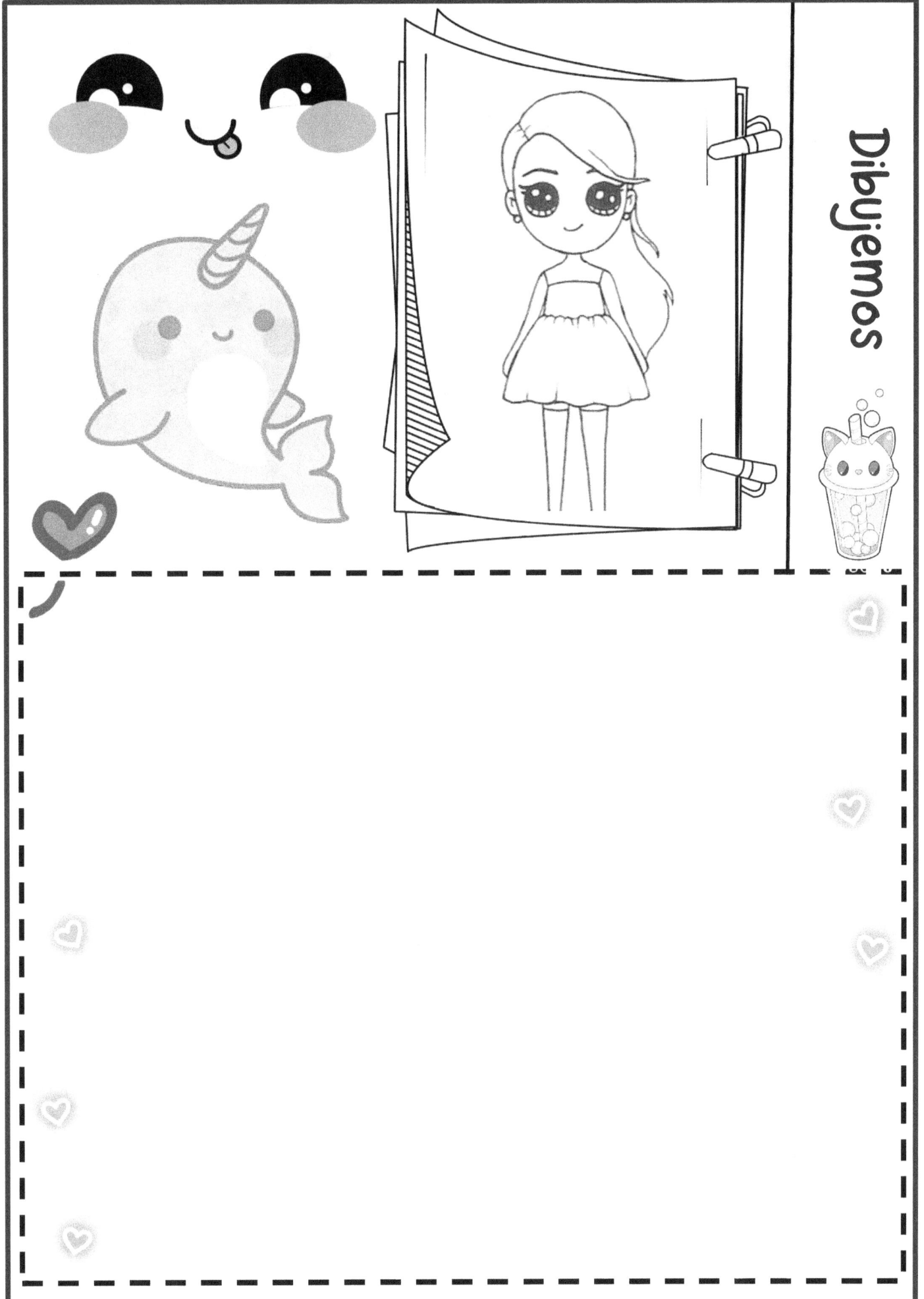

Dibujemos

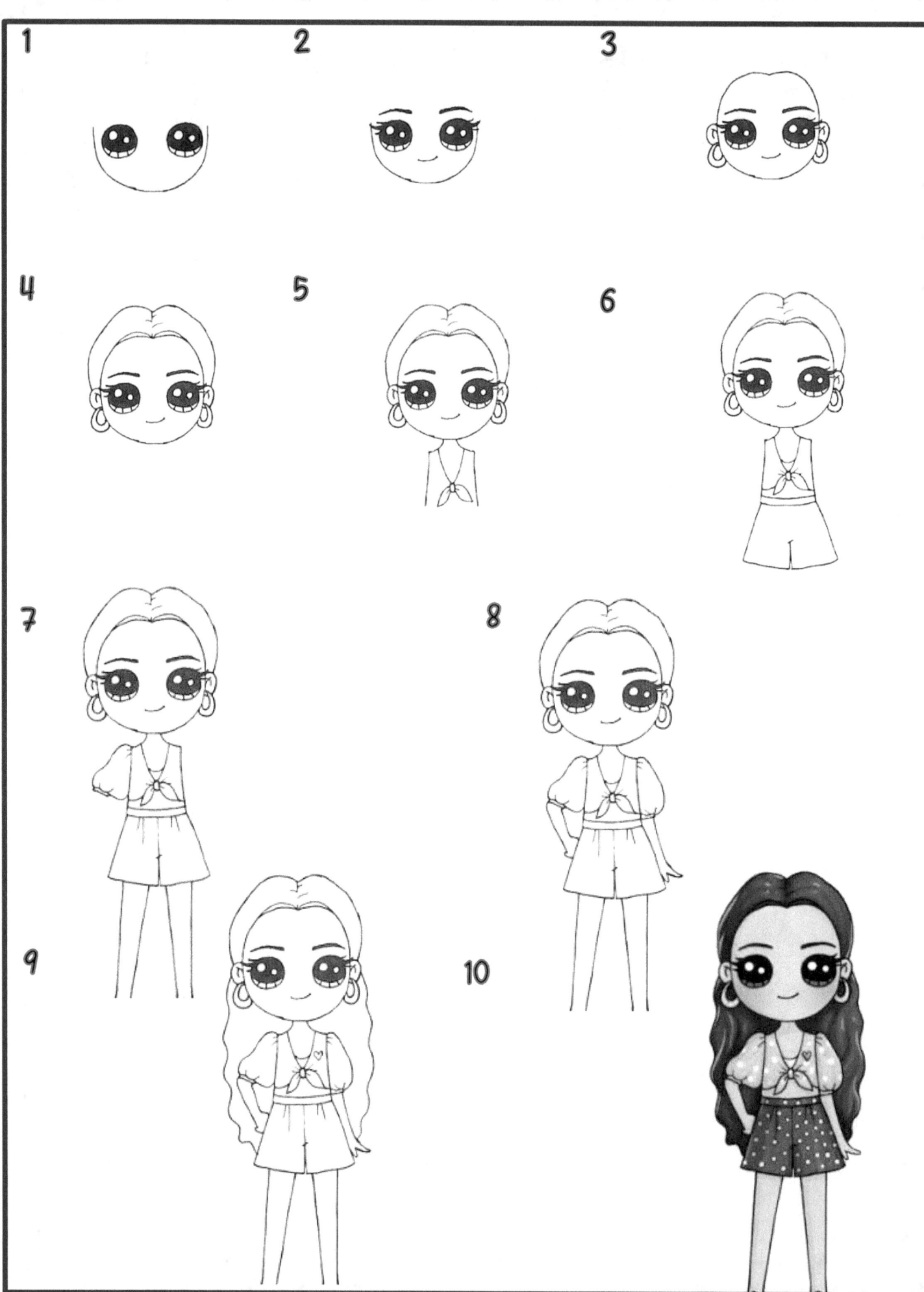

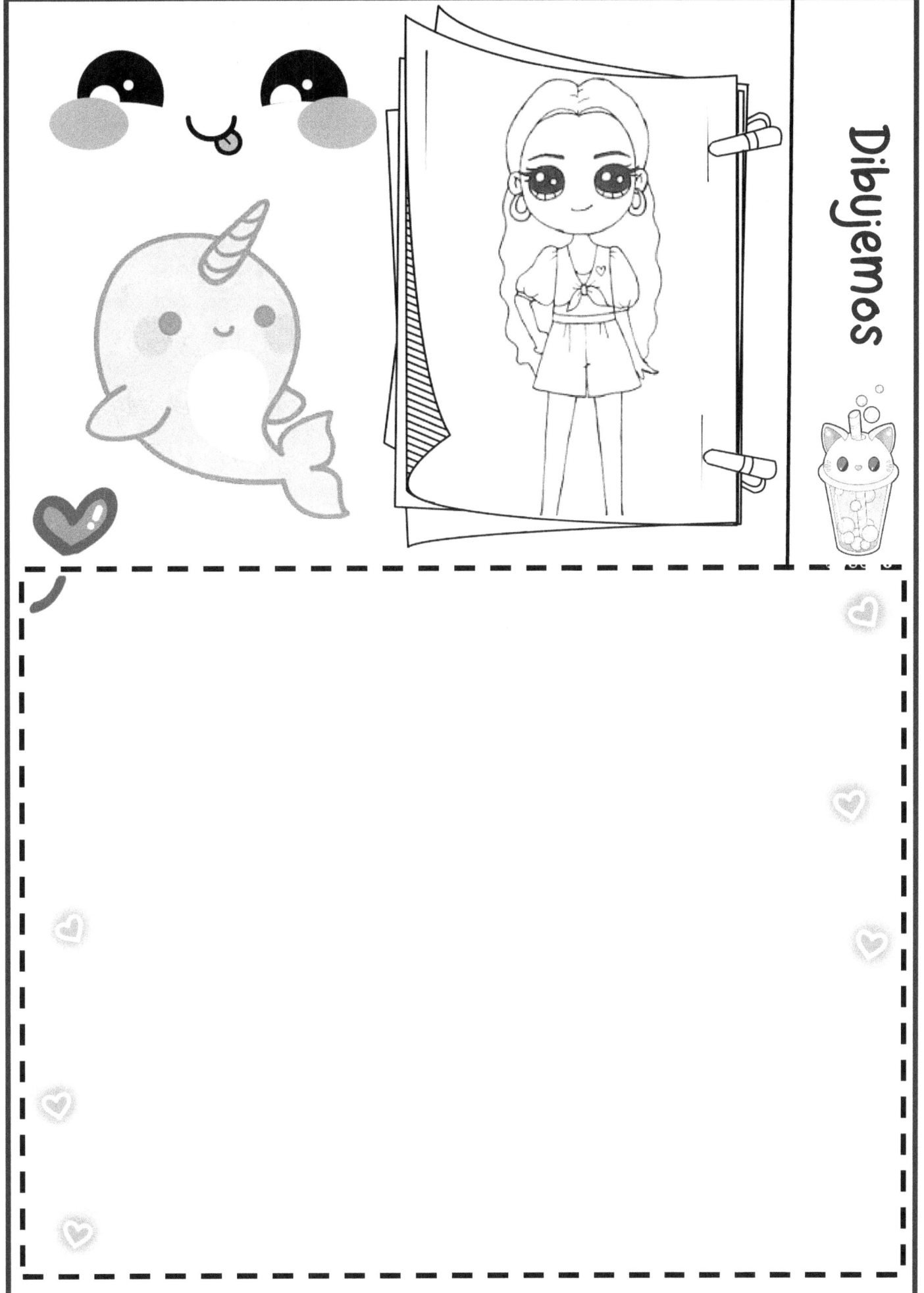

Dibujemos

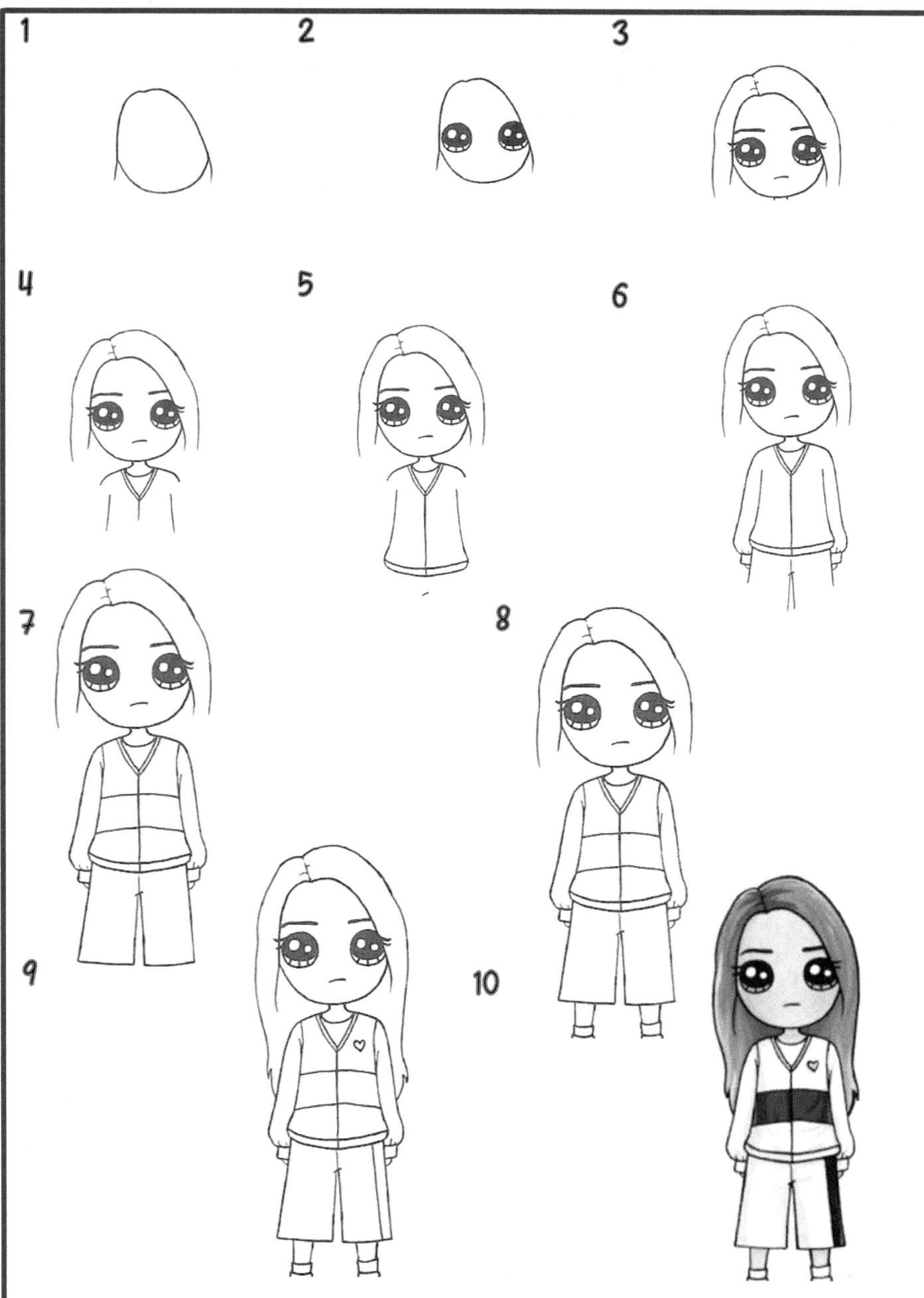

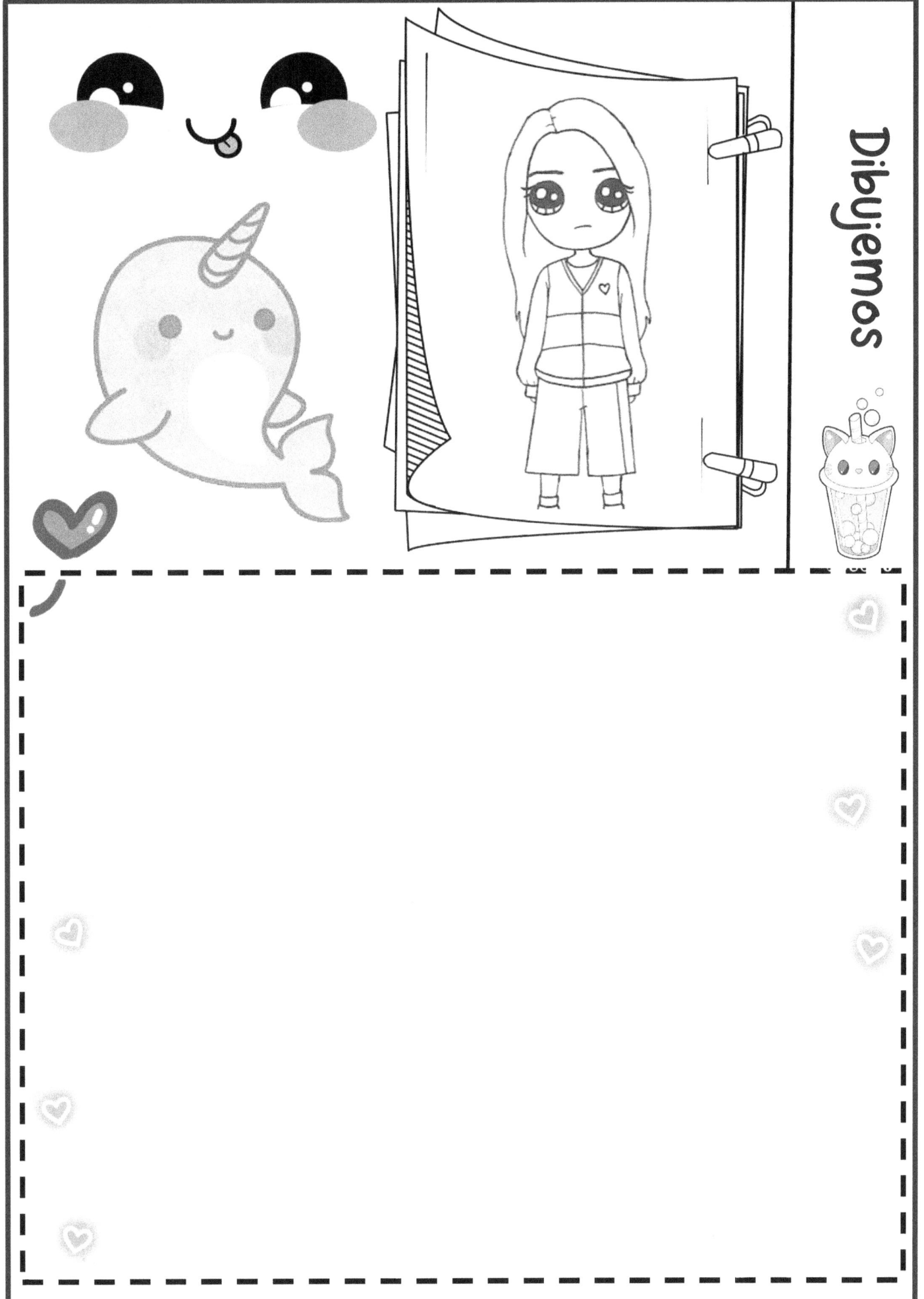

Dibujemos

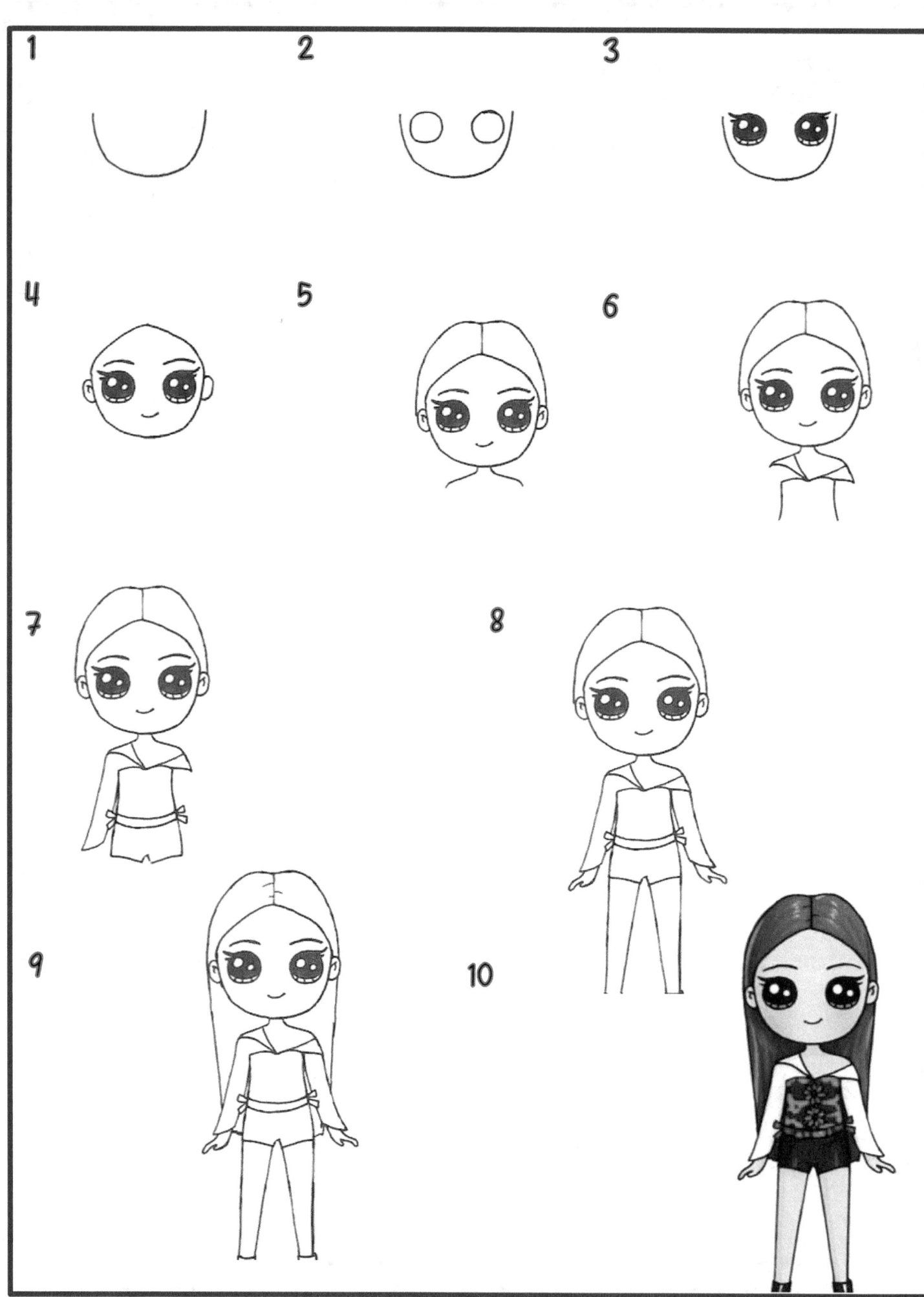

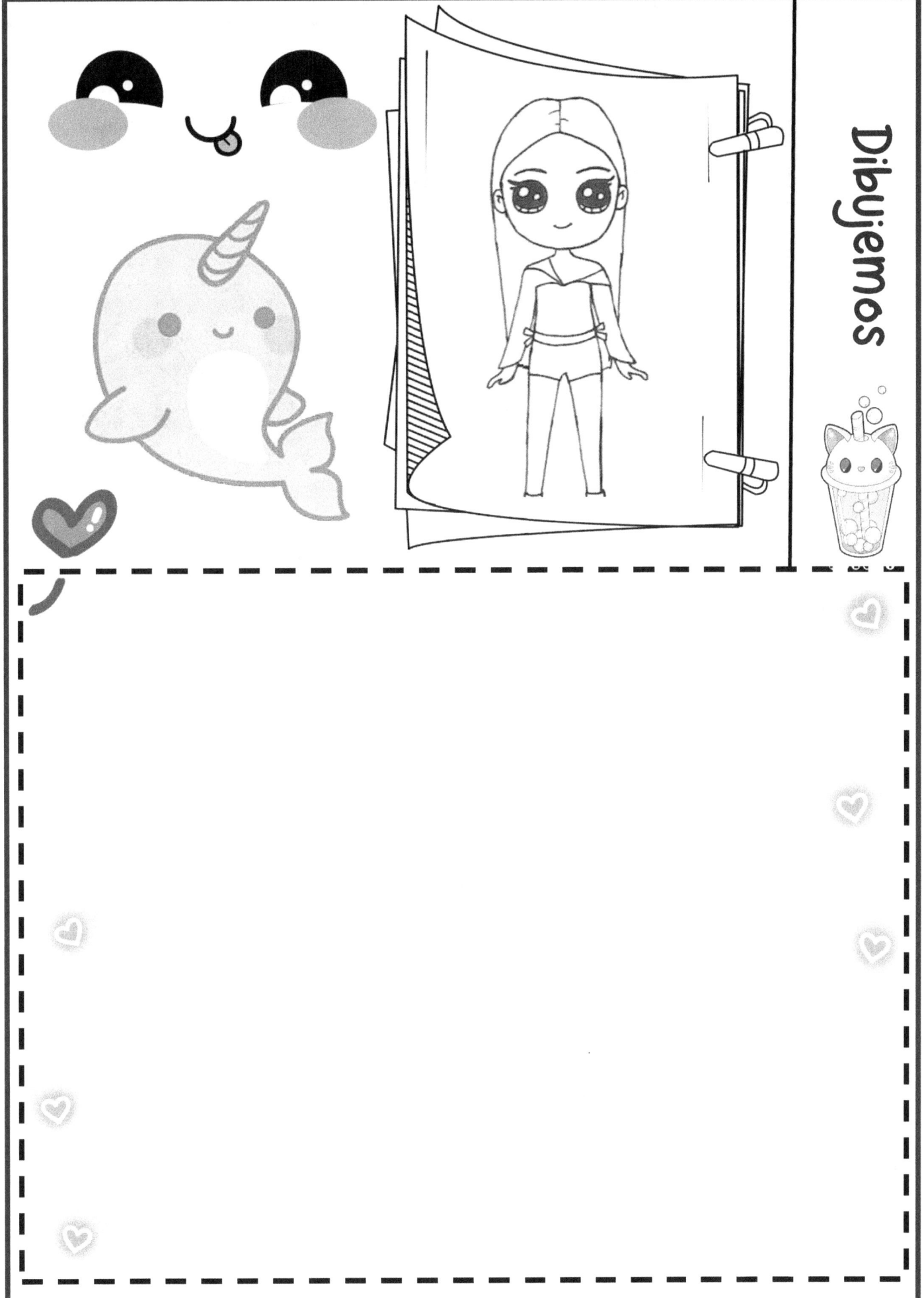

Dibujemos

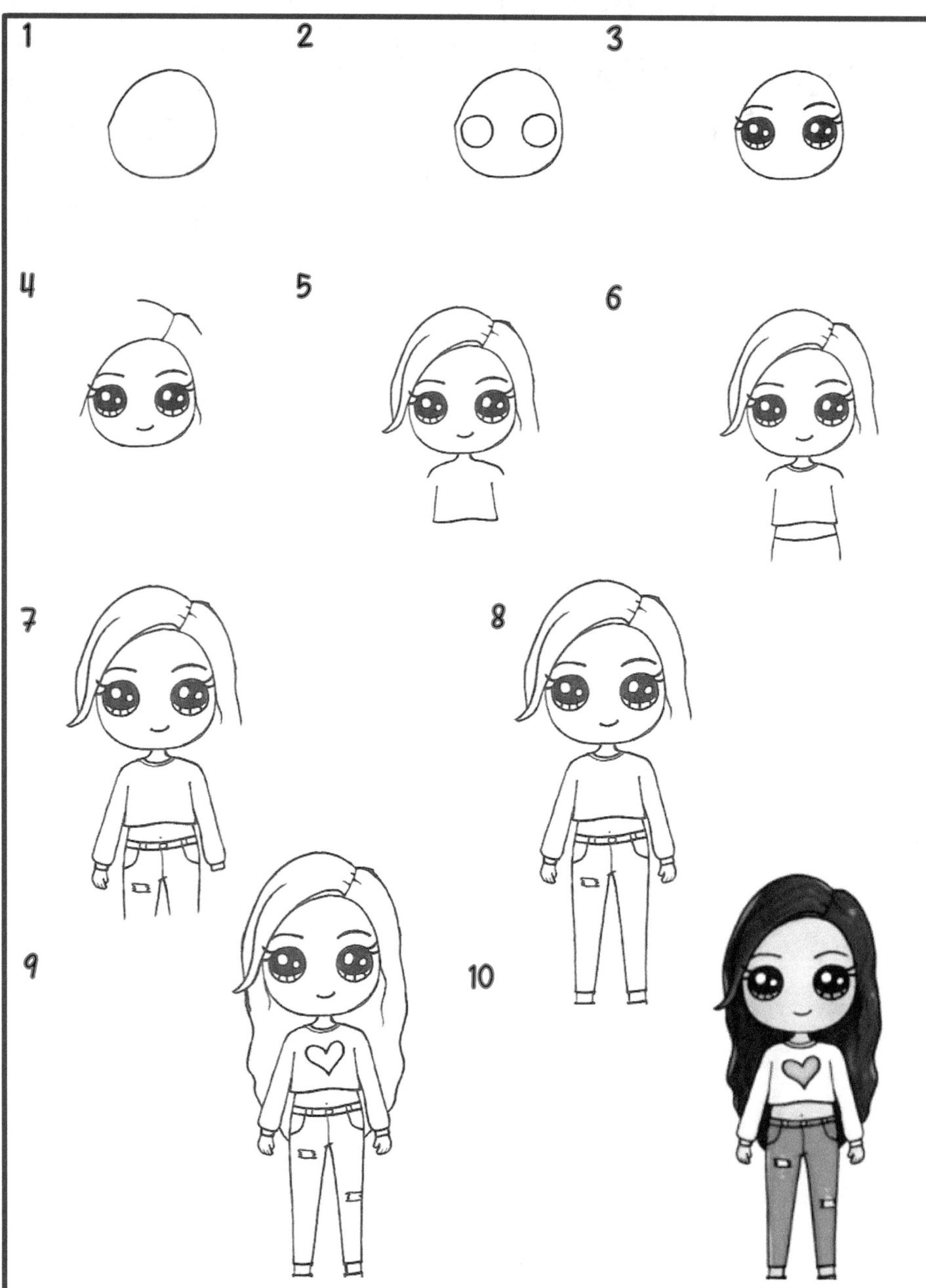

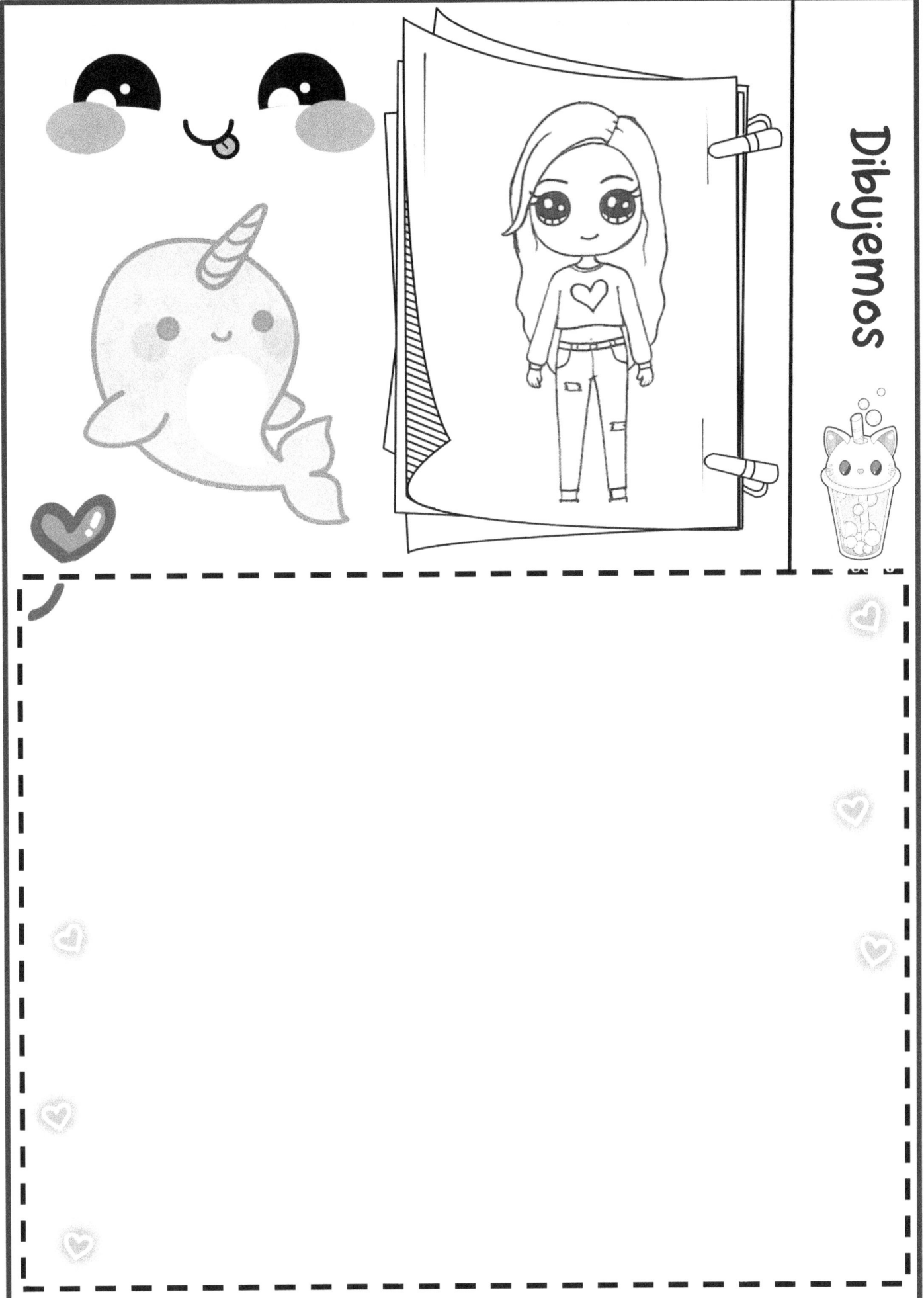

Dibujemos

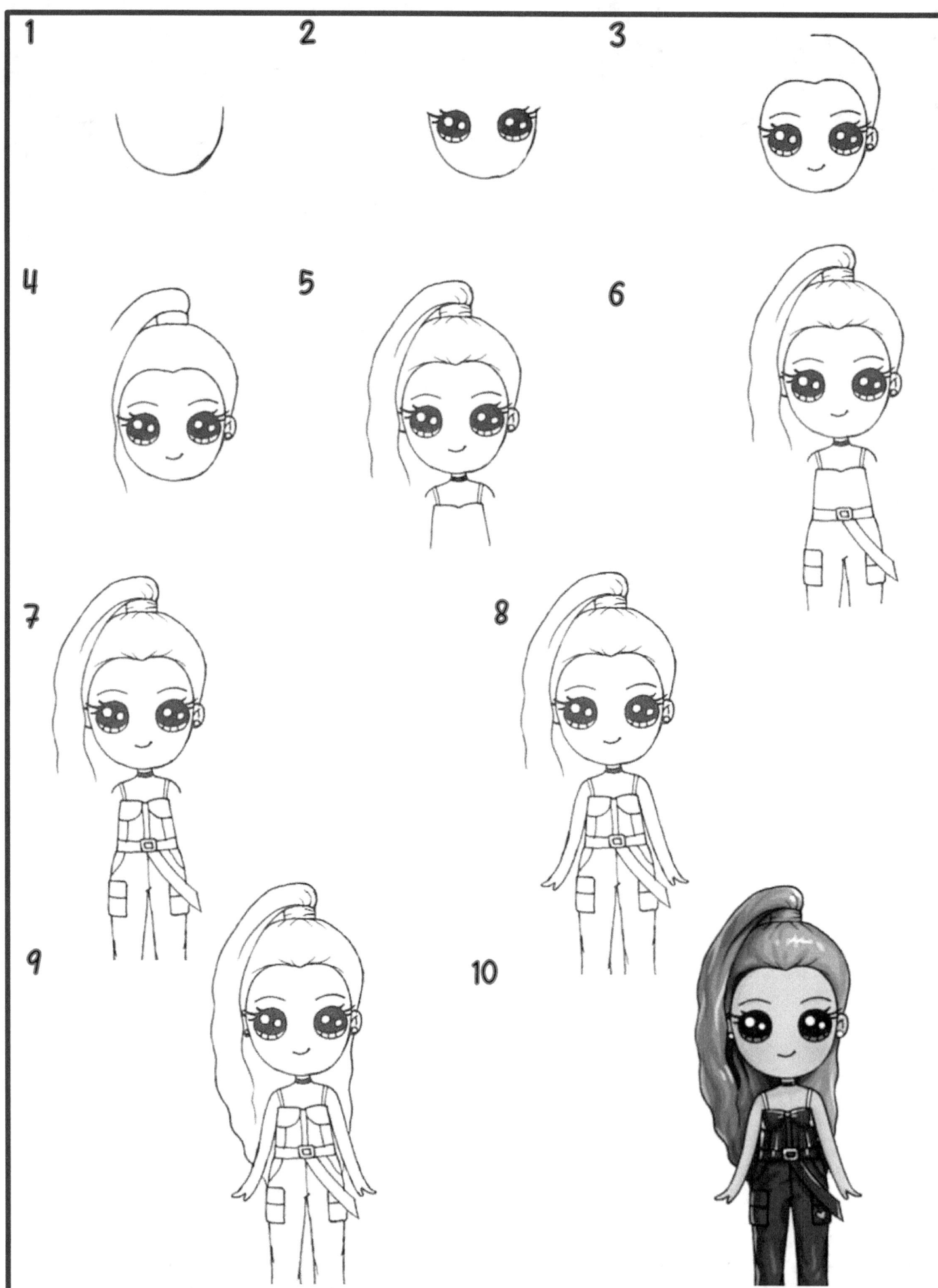

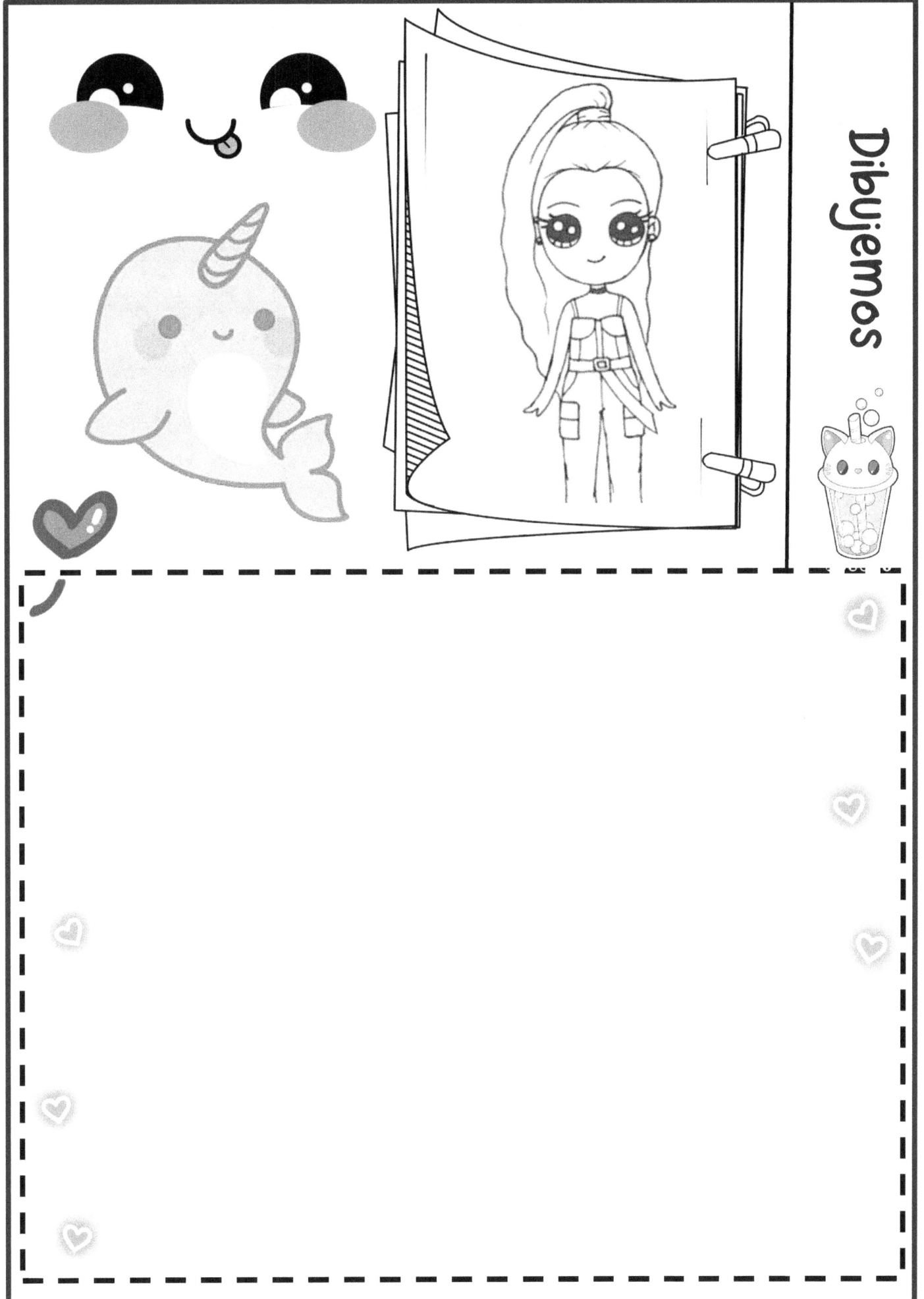

Dibujemos

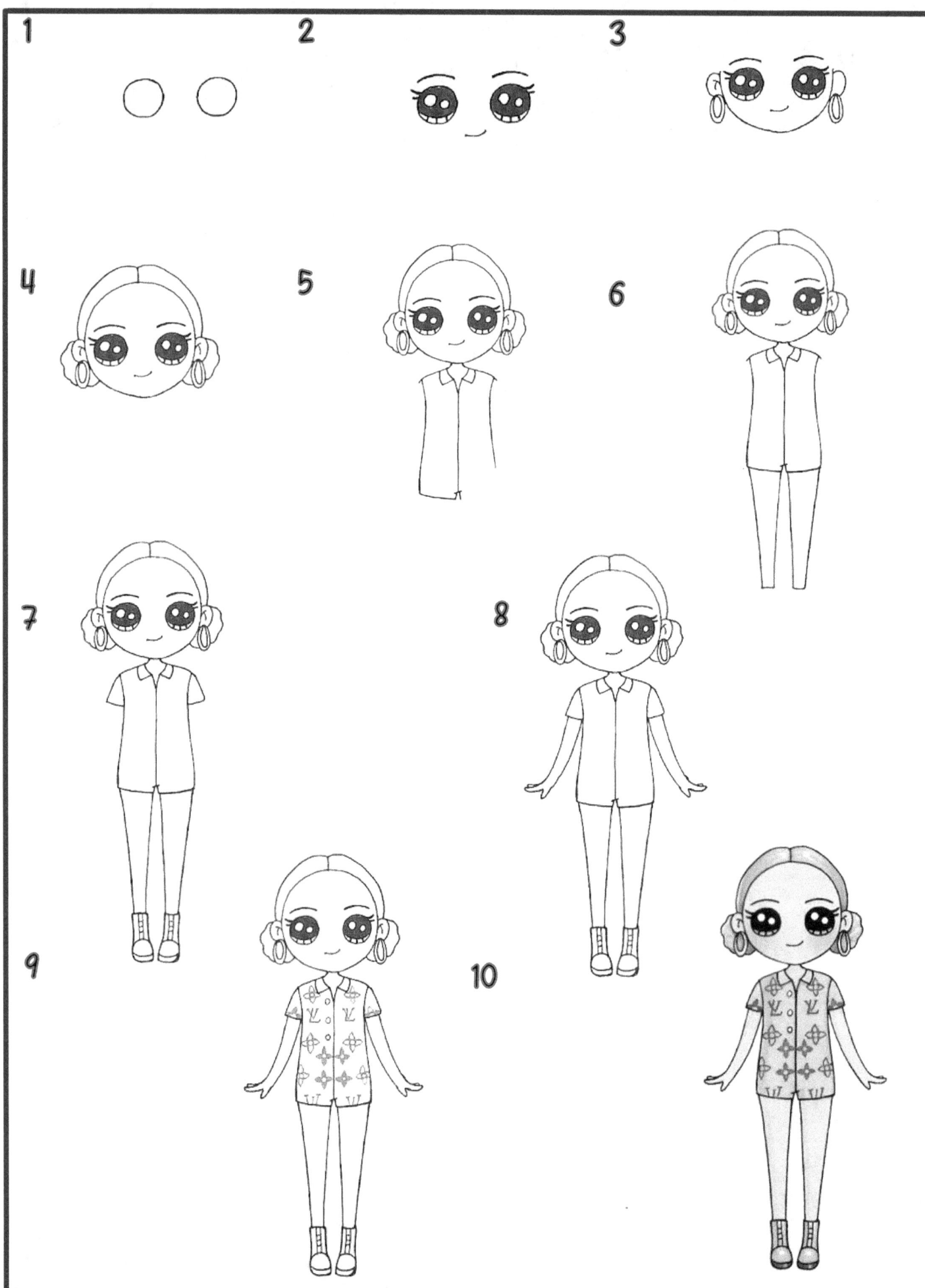

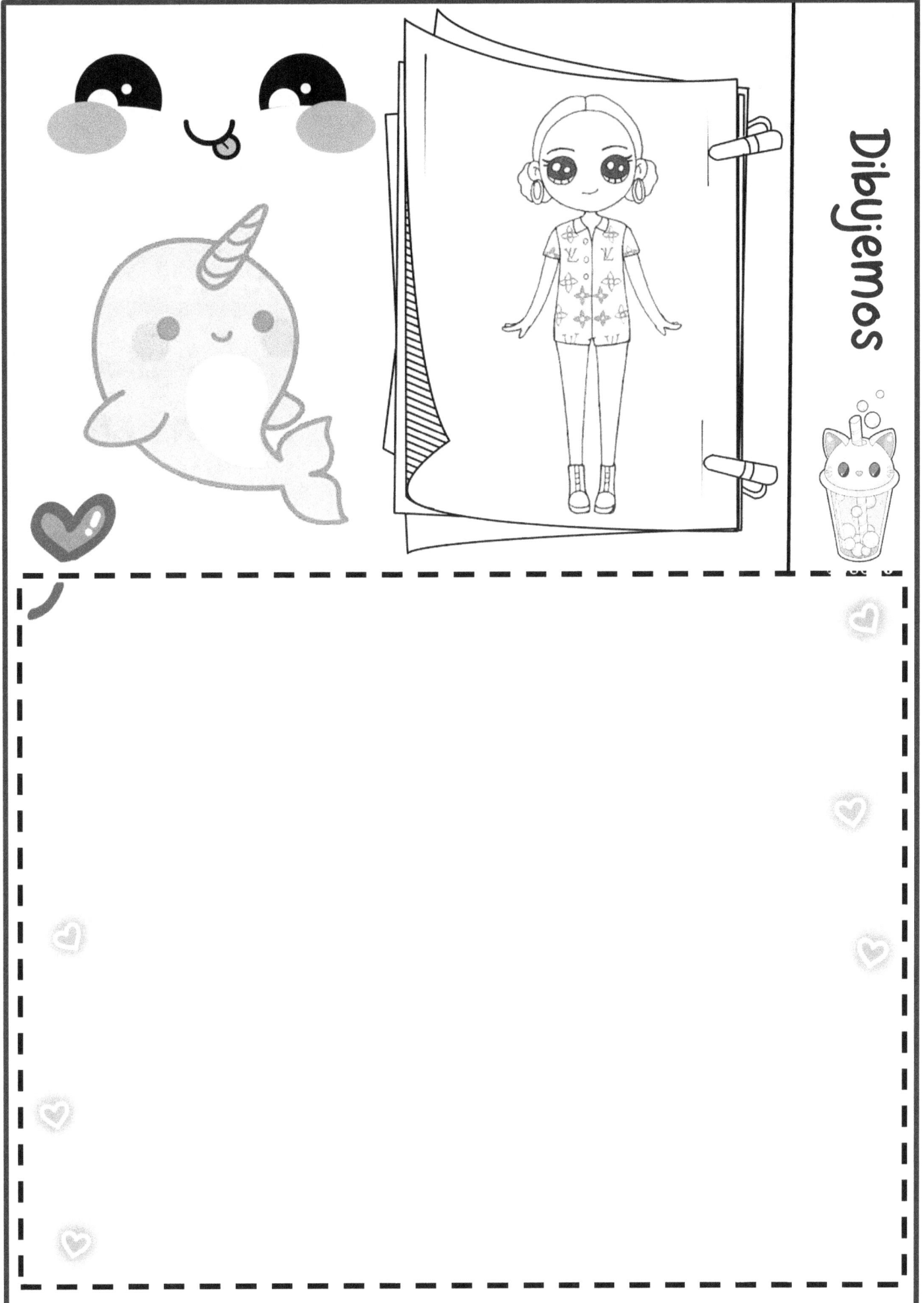

Dibujemos

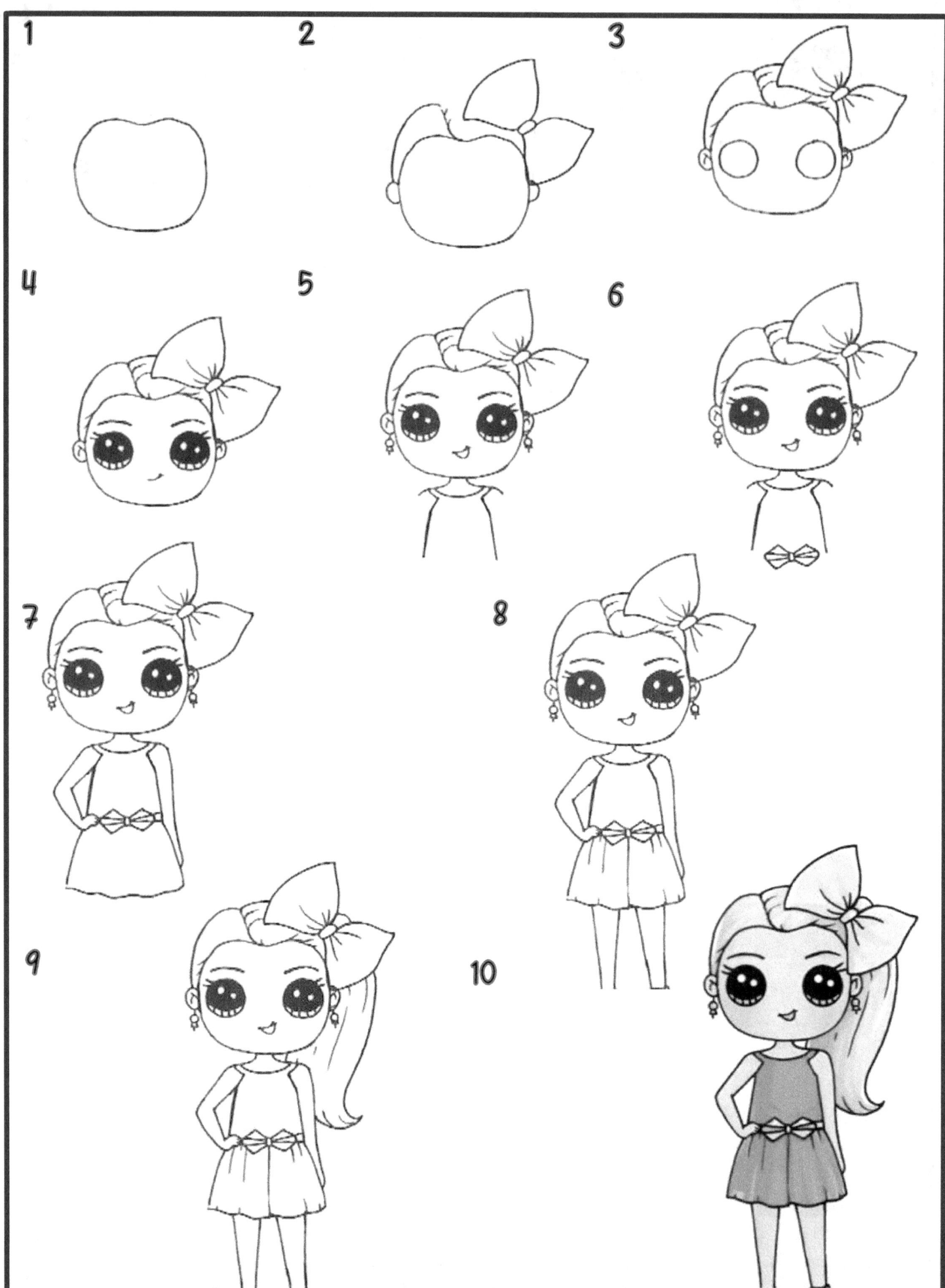

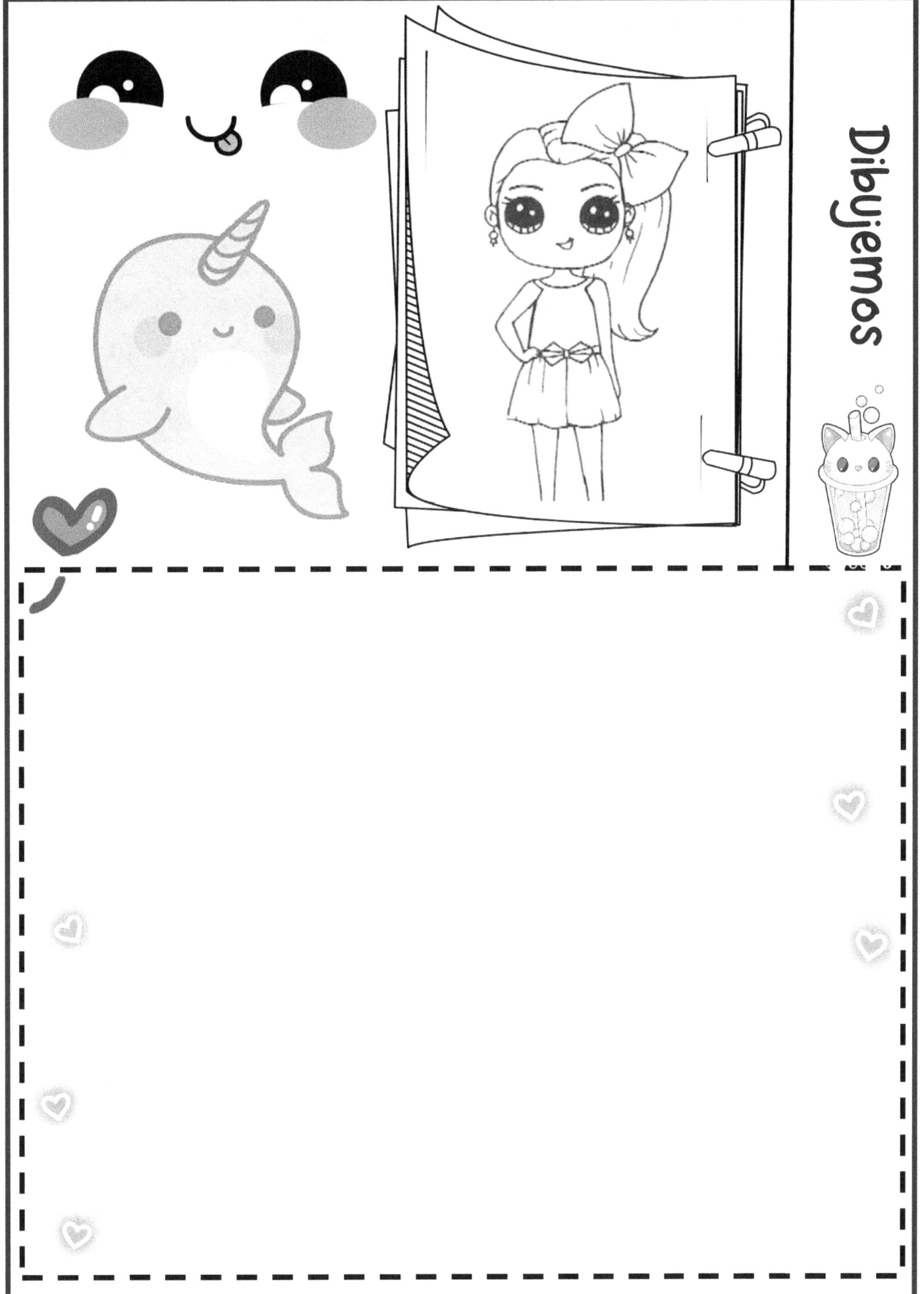

Dibujemos

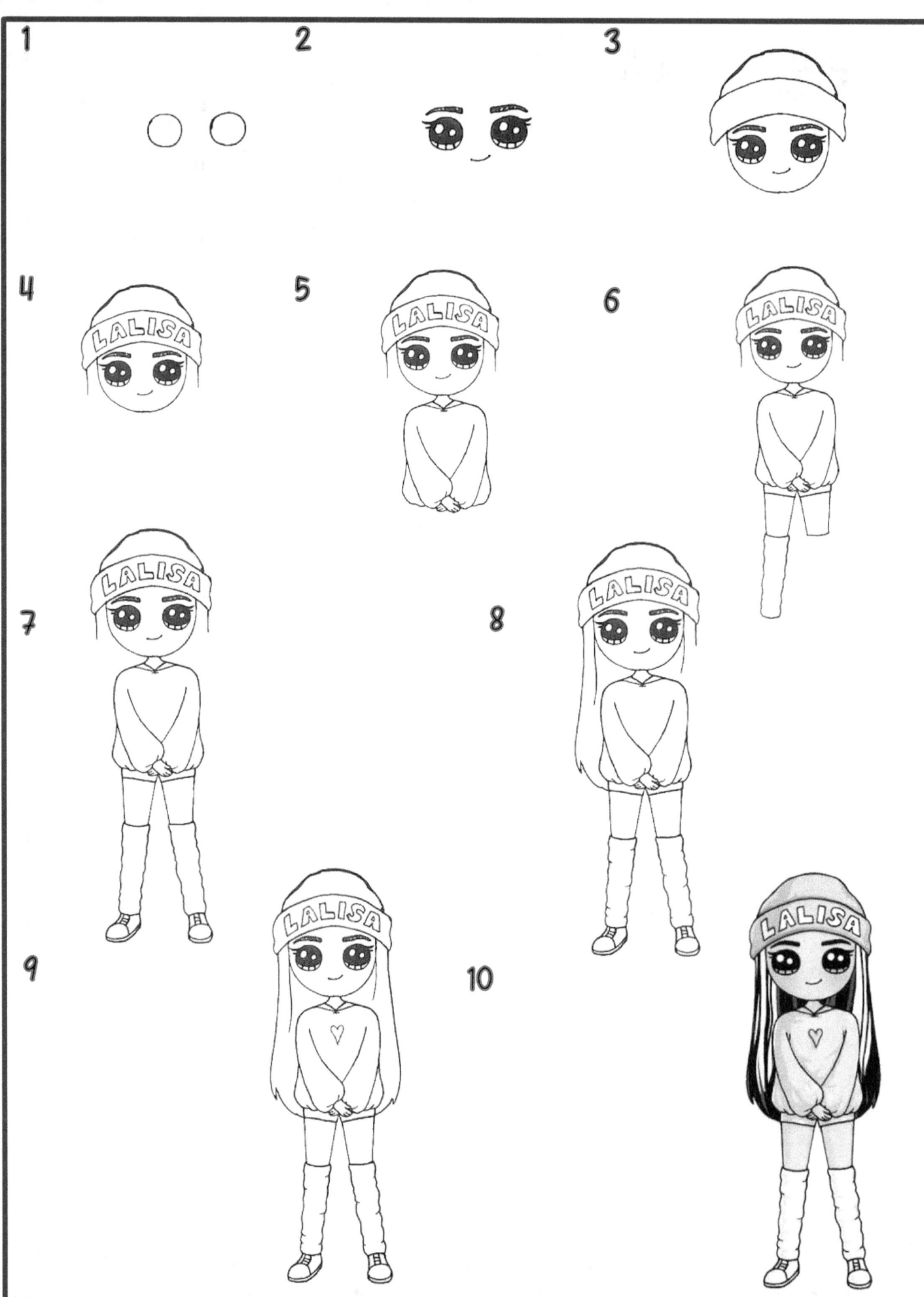

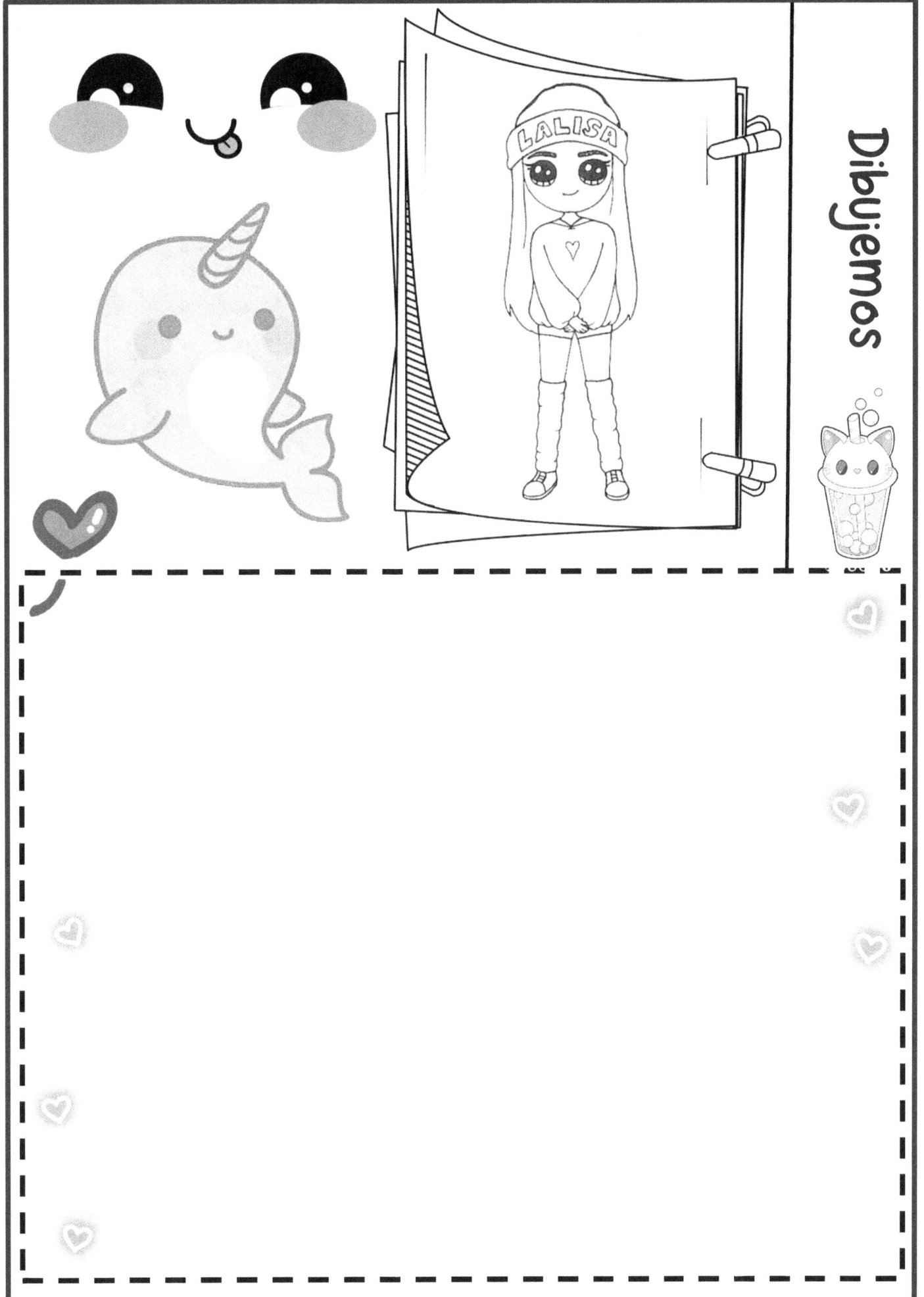

Dibujemos

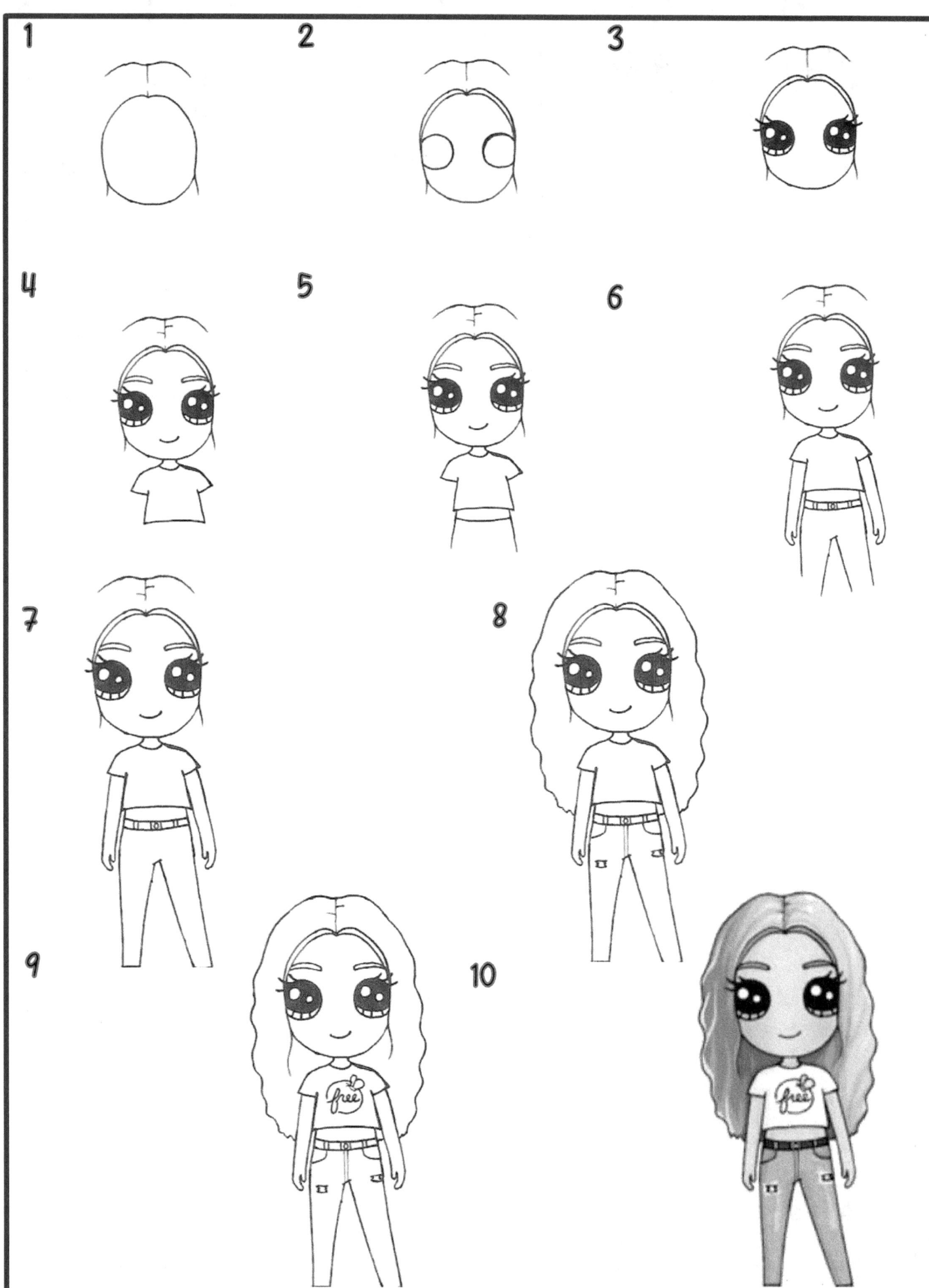

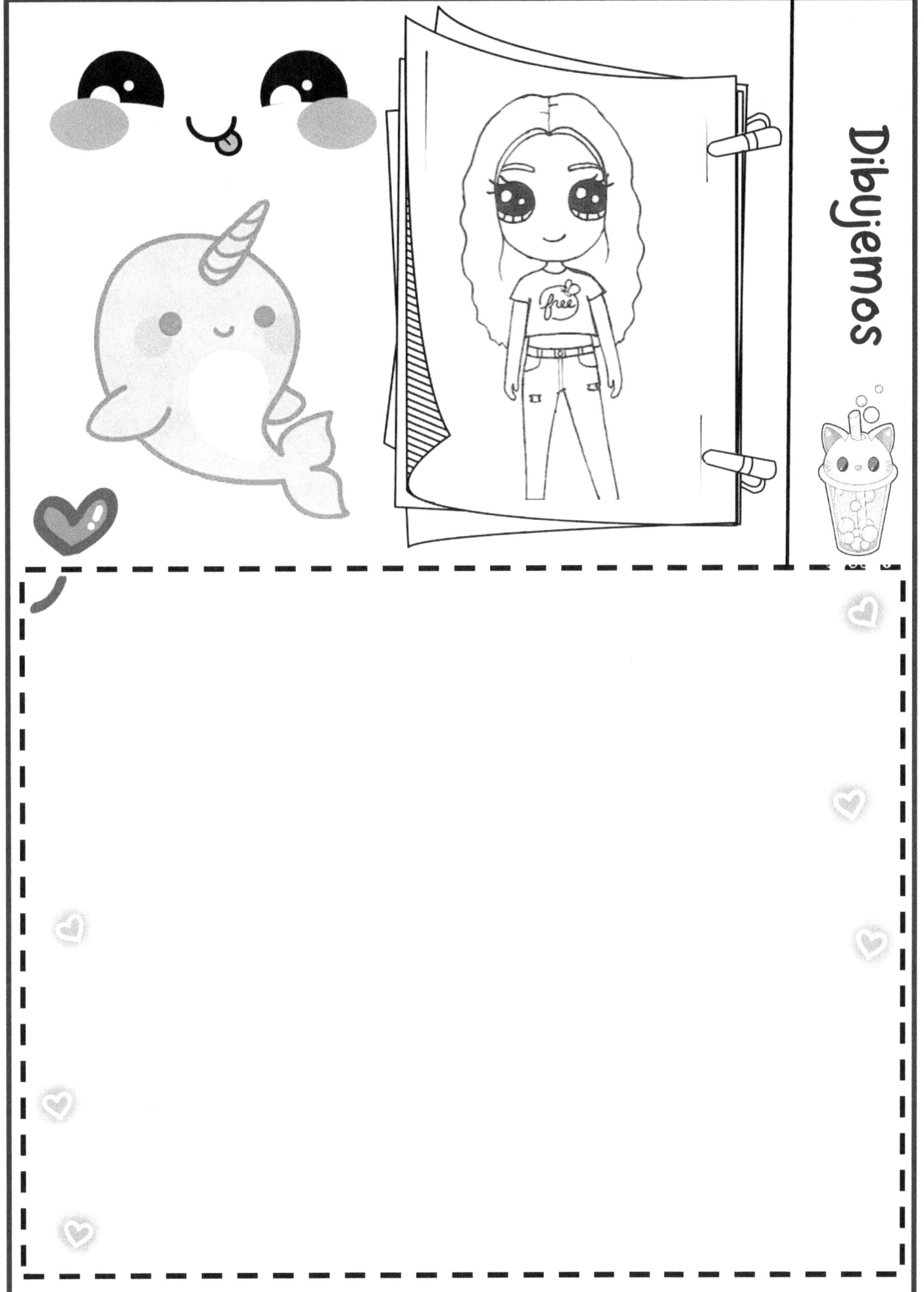

Dibujemos

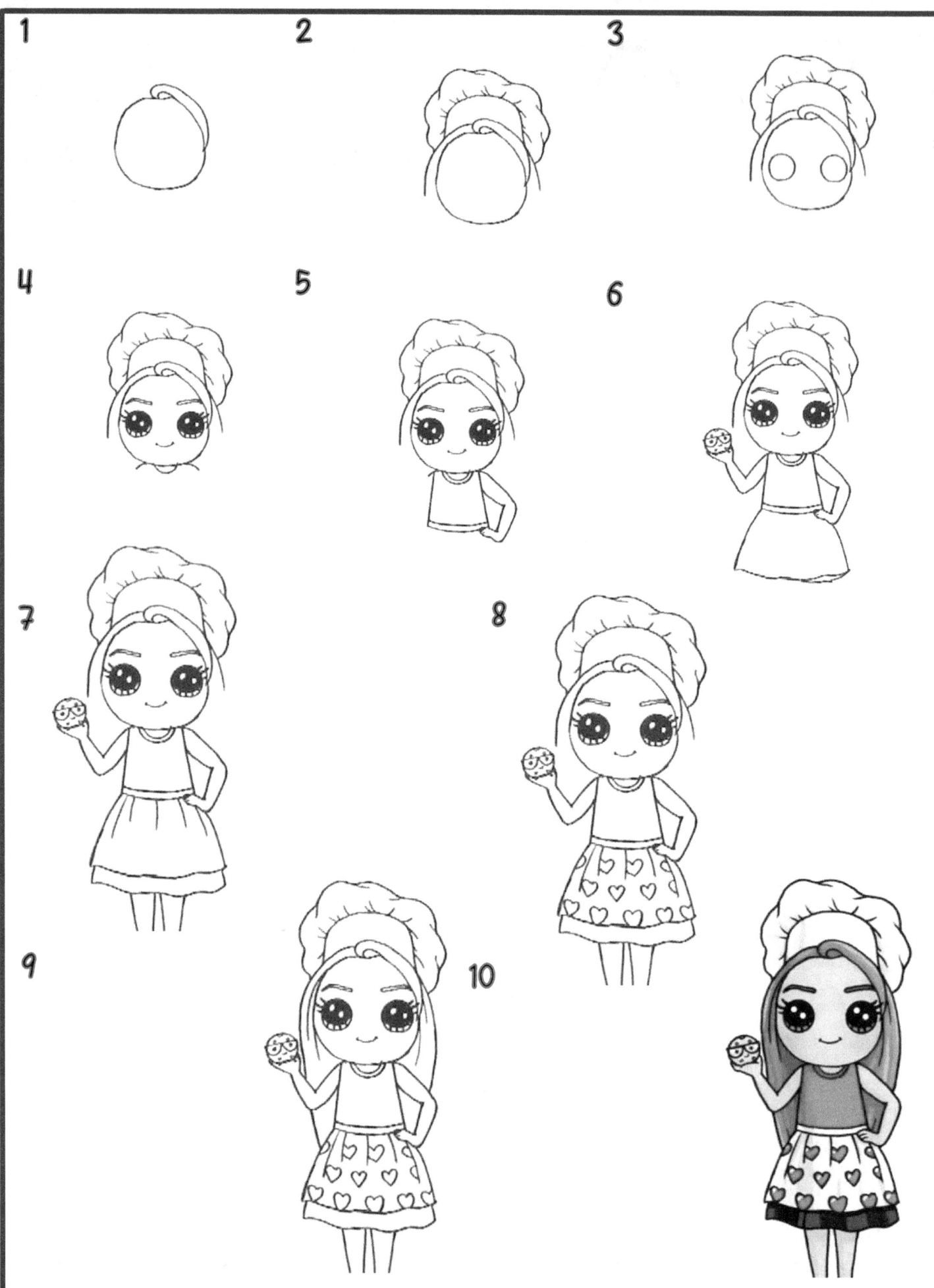

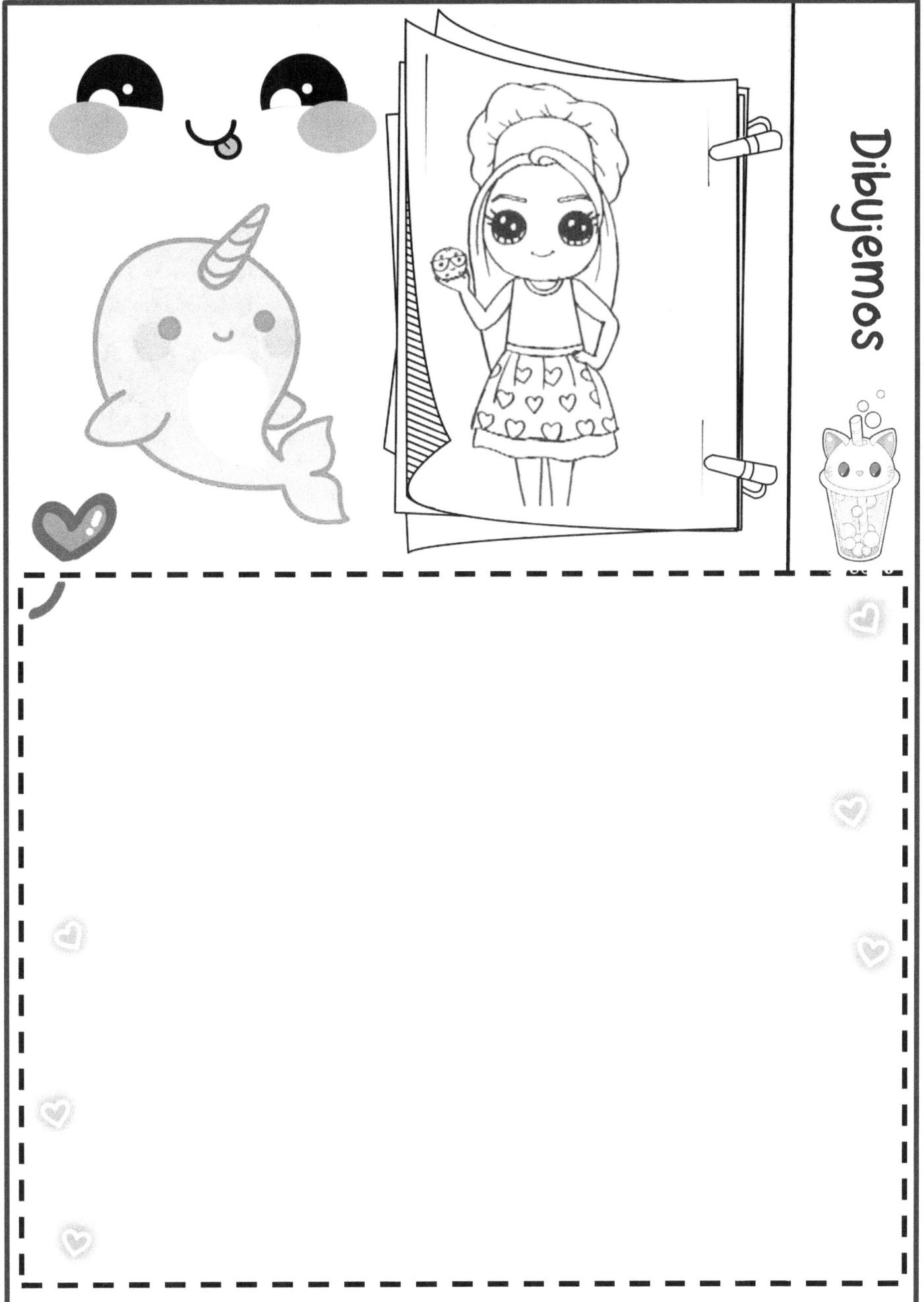

Dibujemos

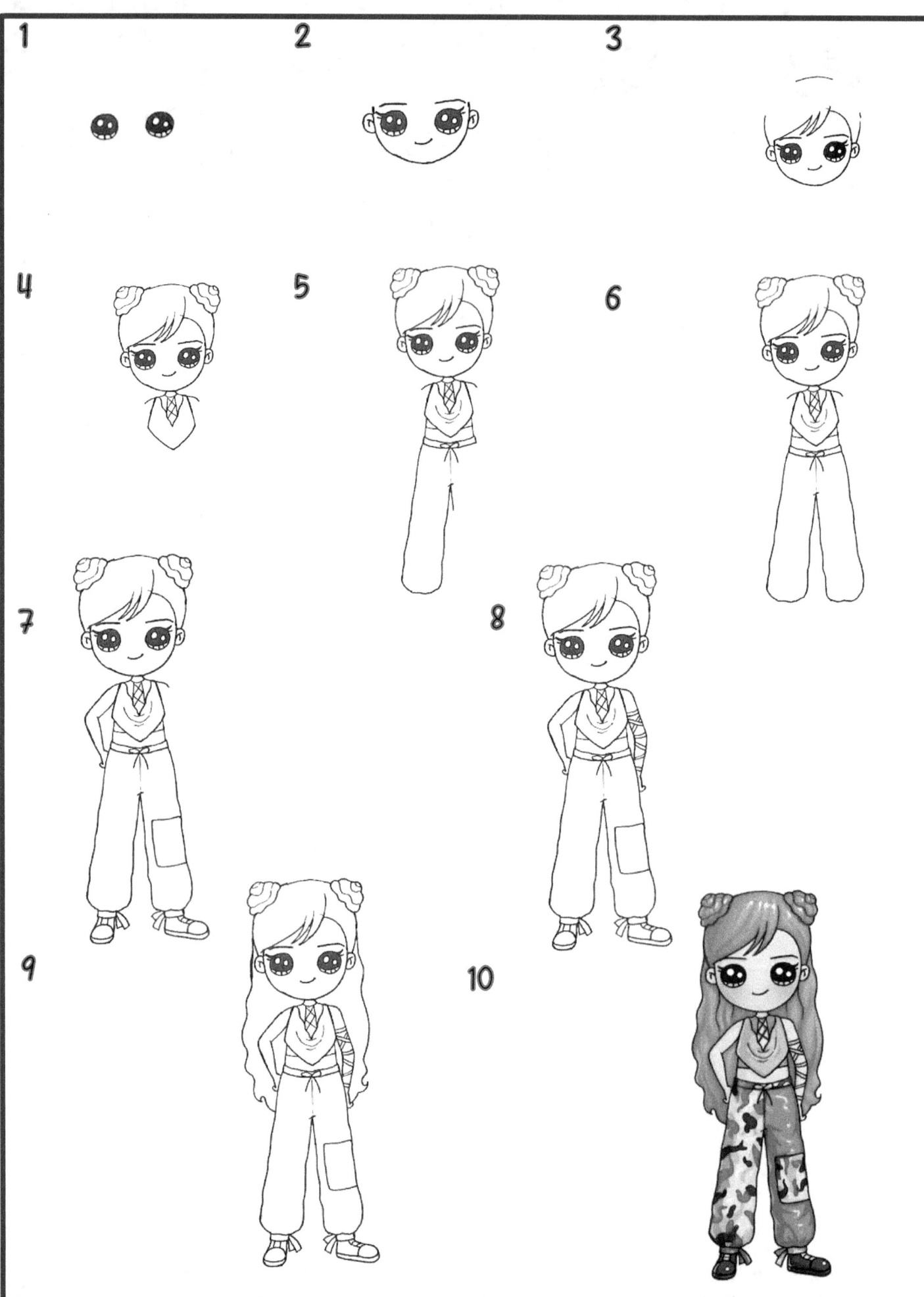

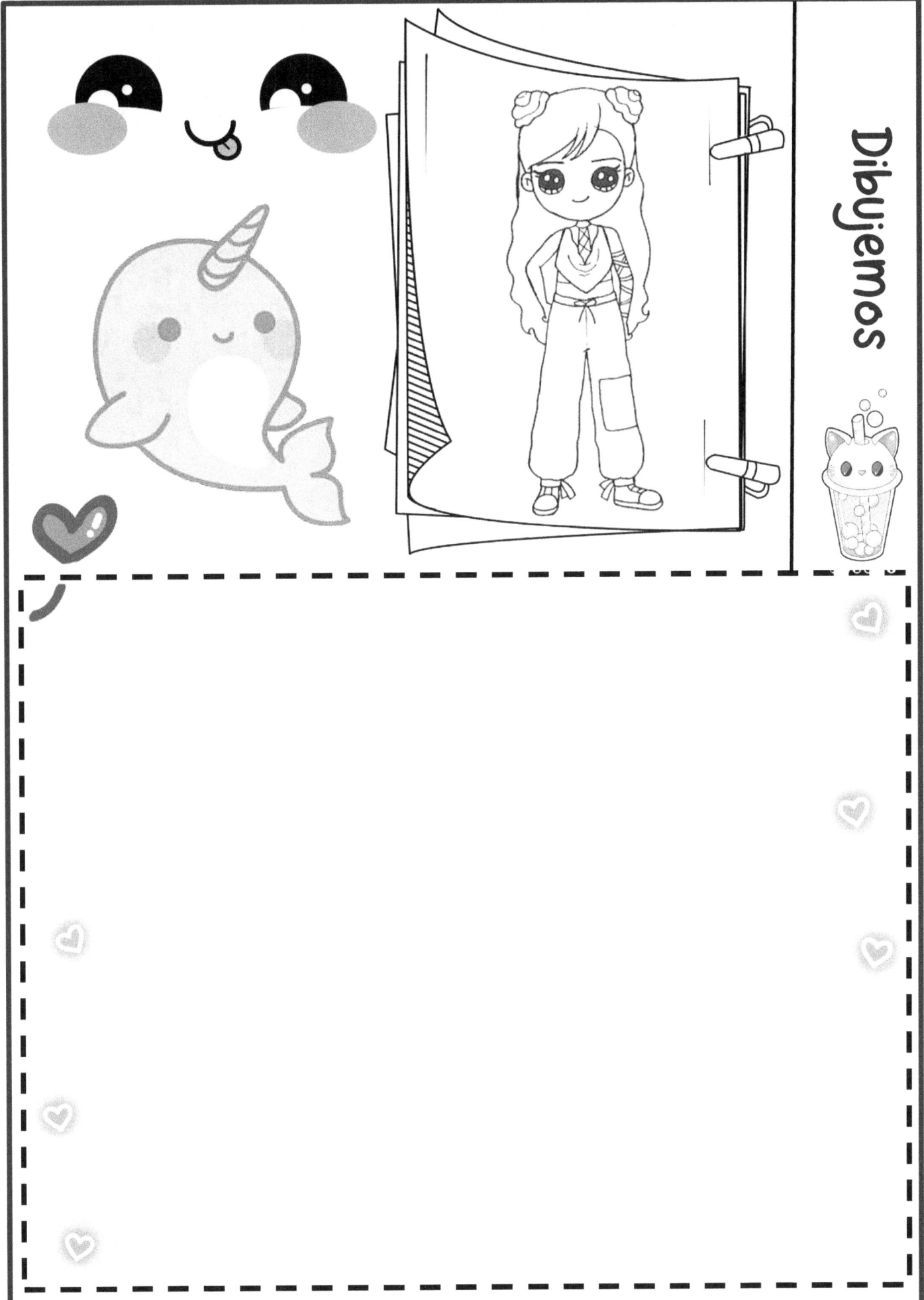

Dibujemos

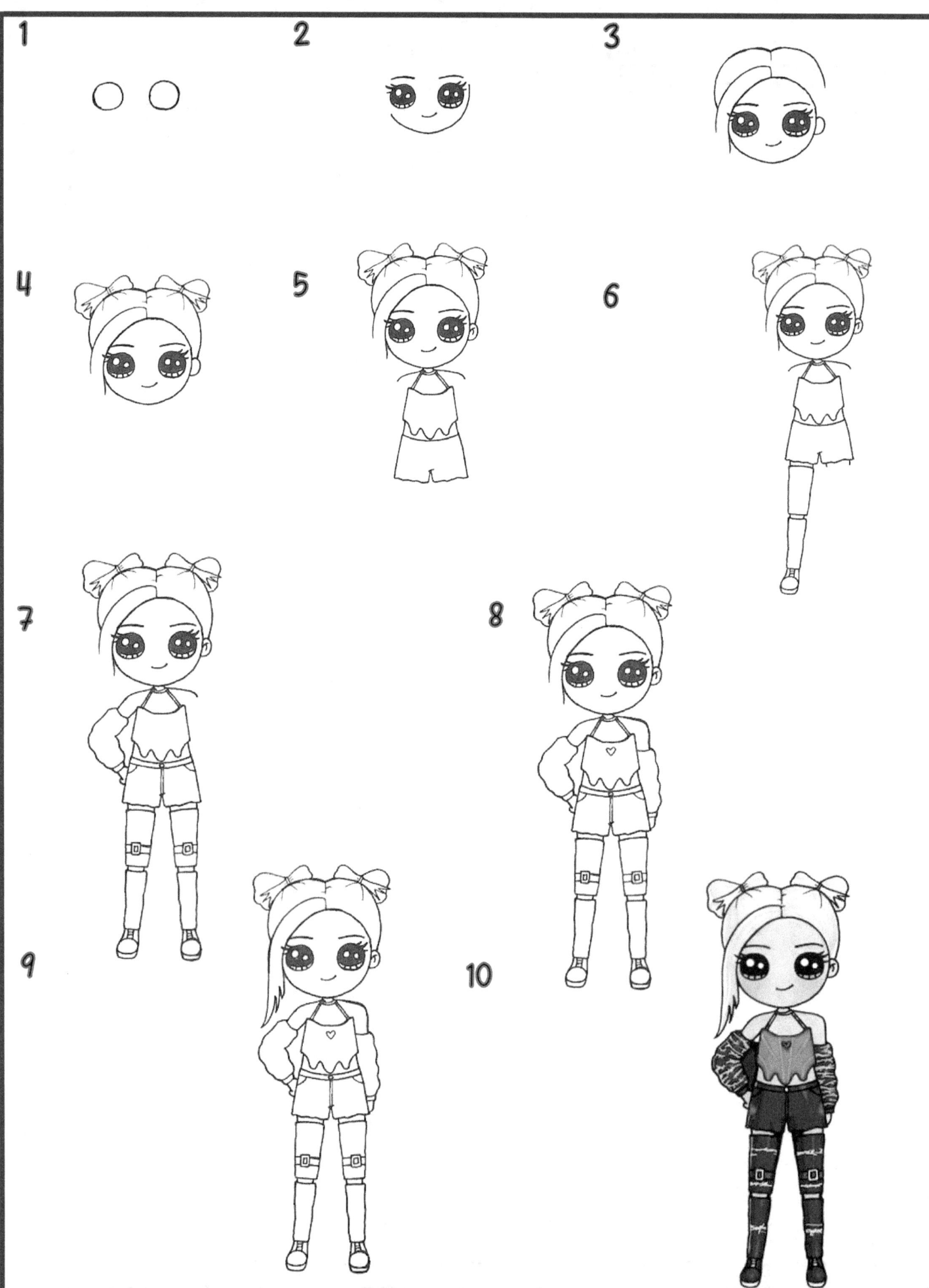

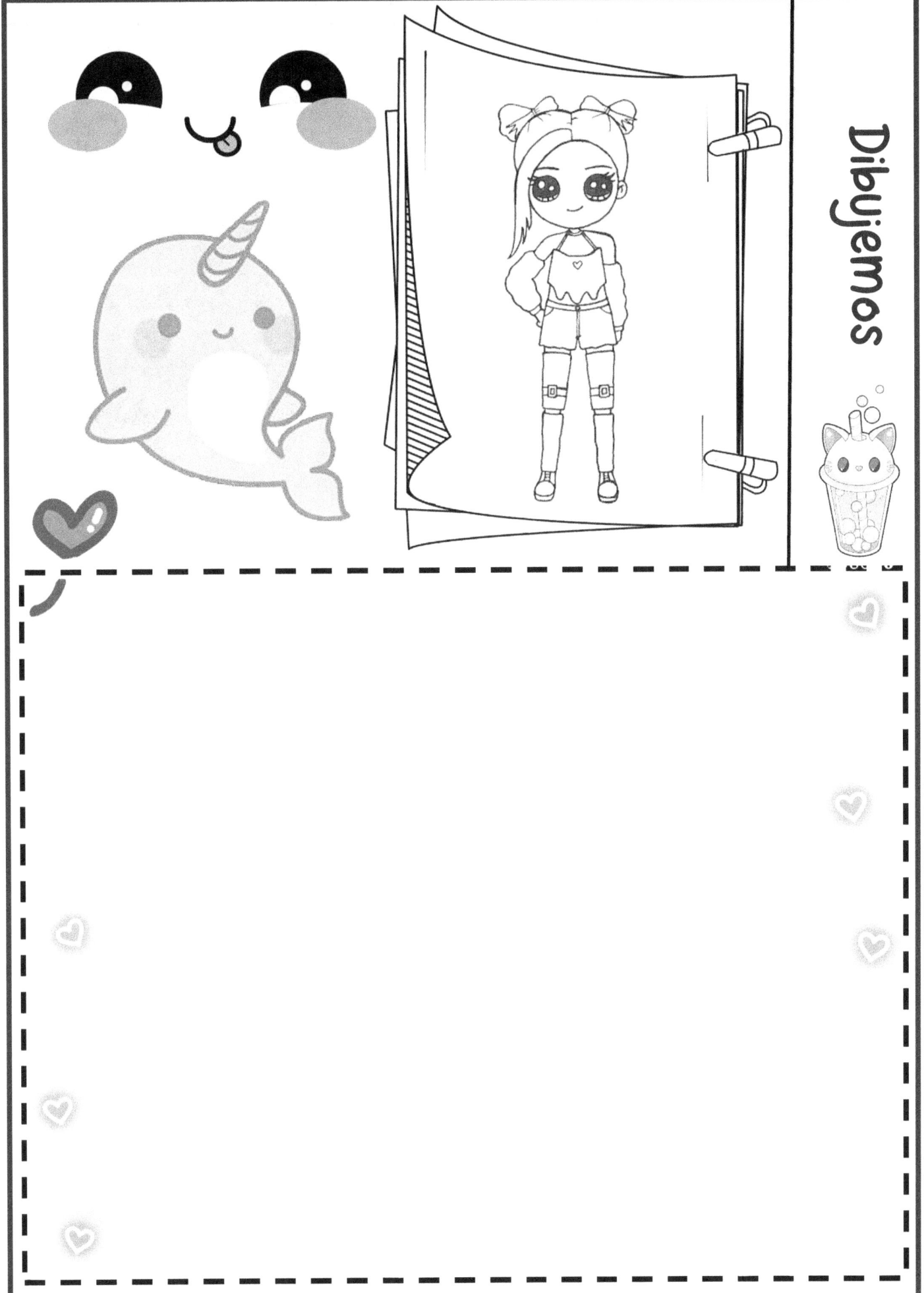

Dibujemos

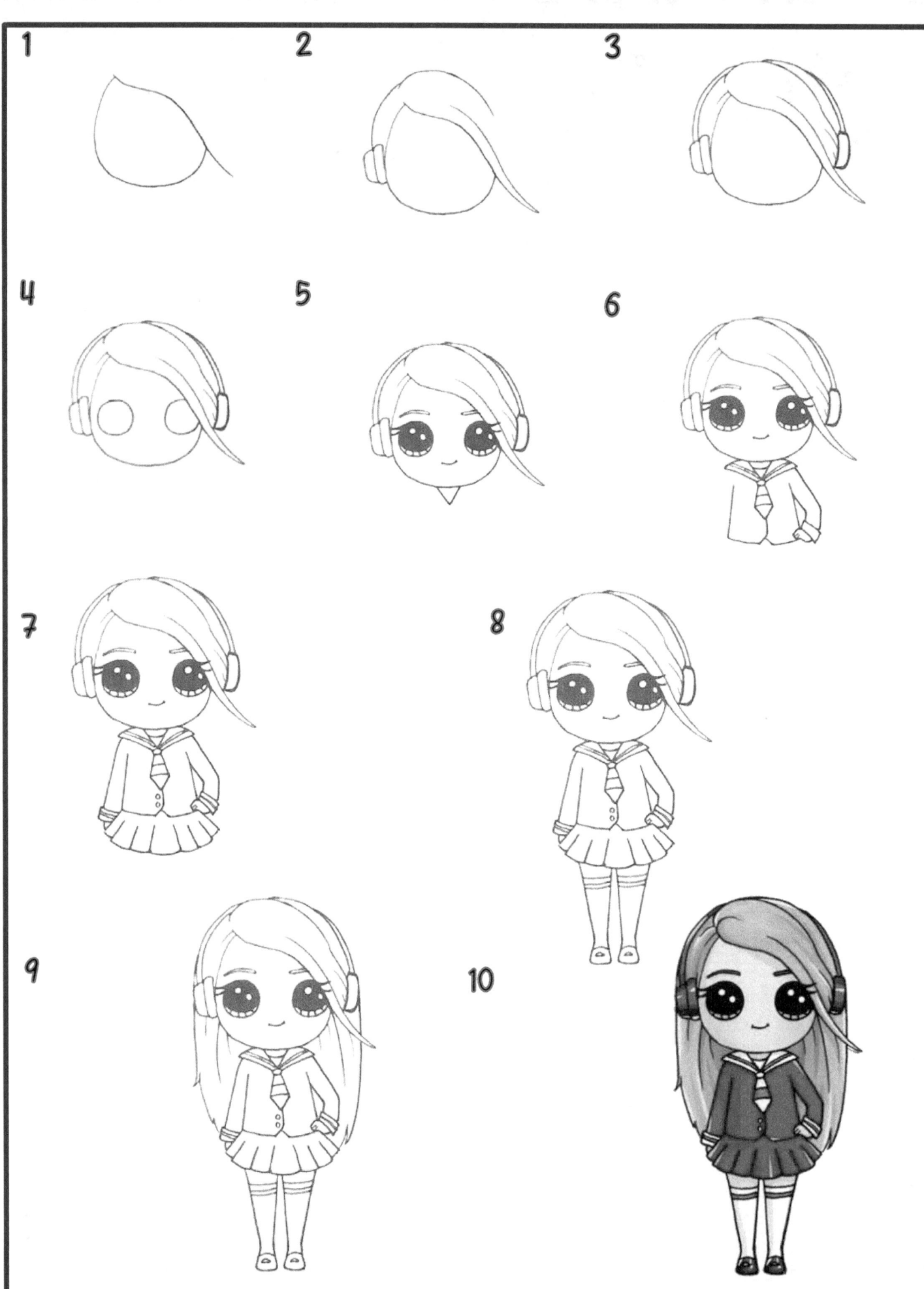

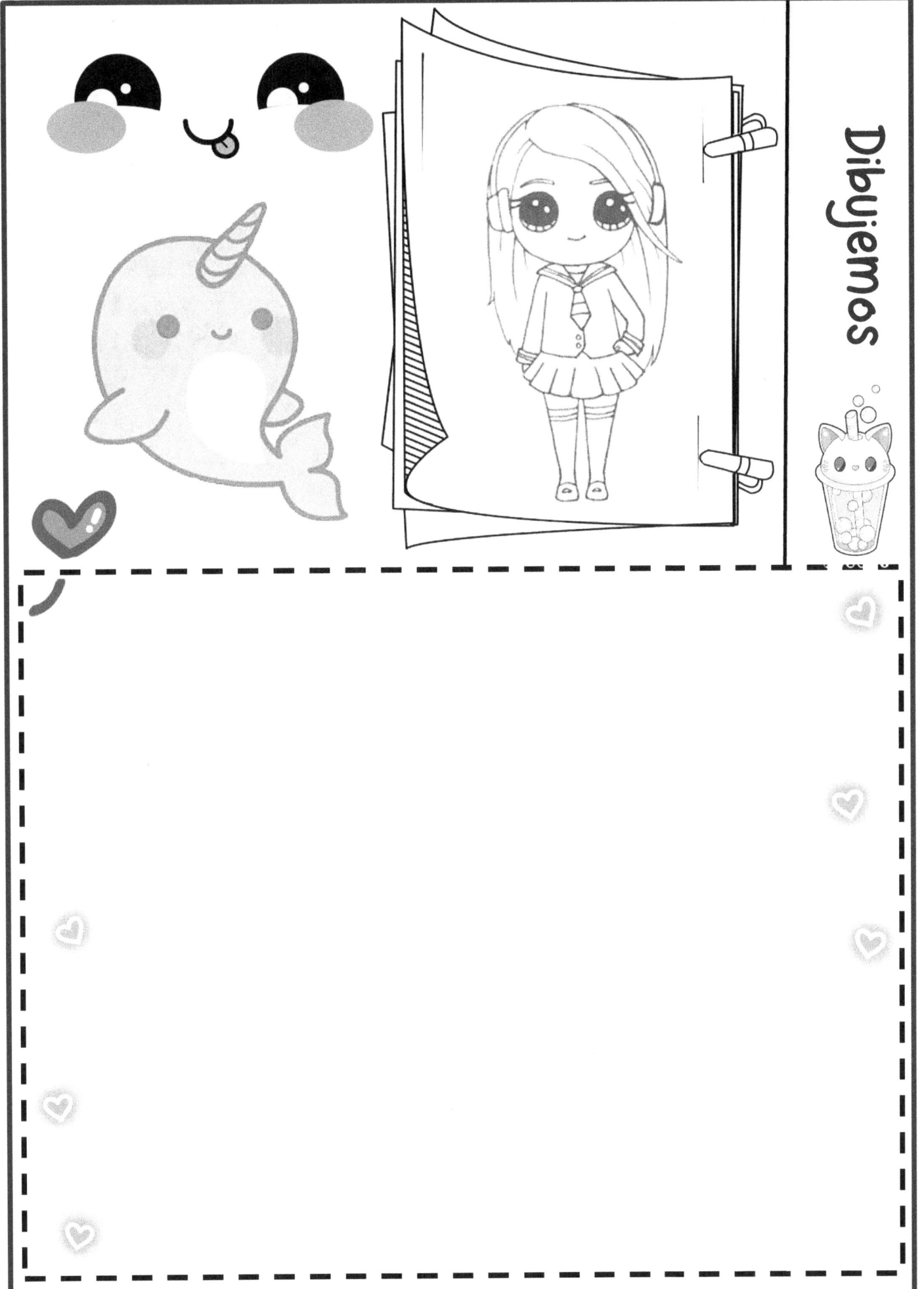

Dibujemos

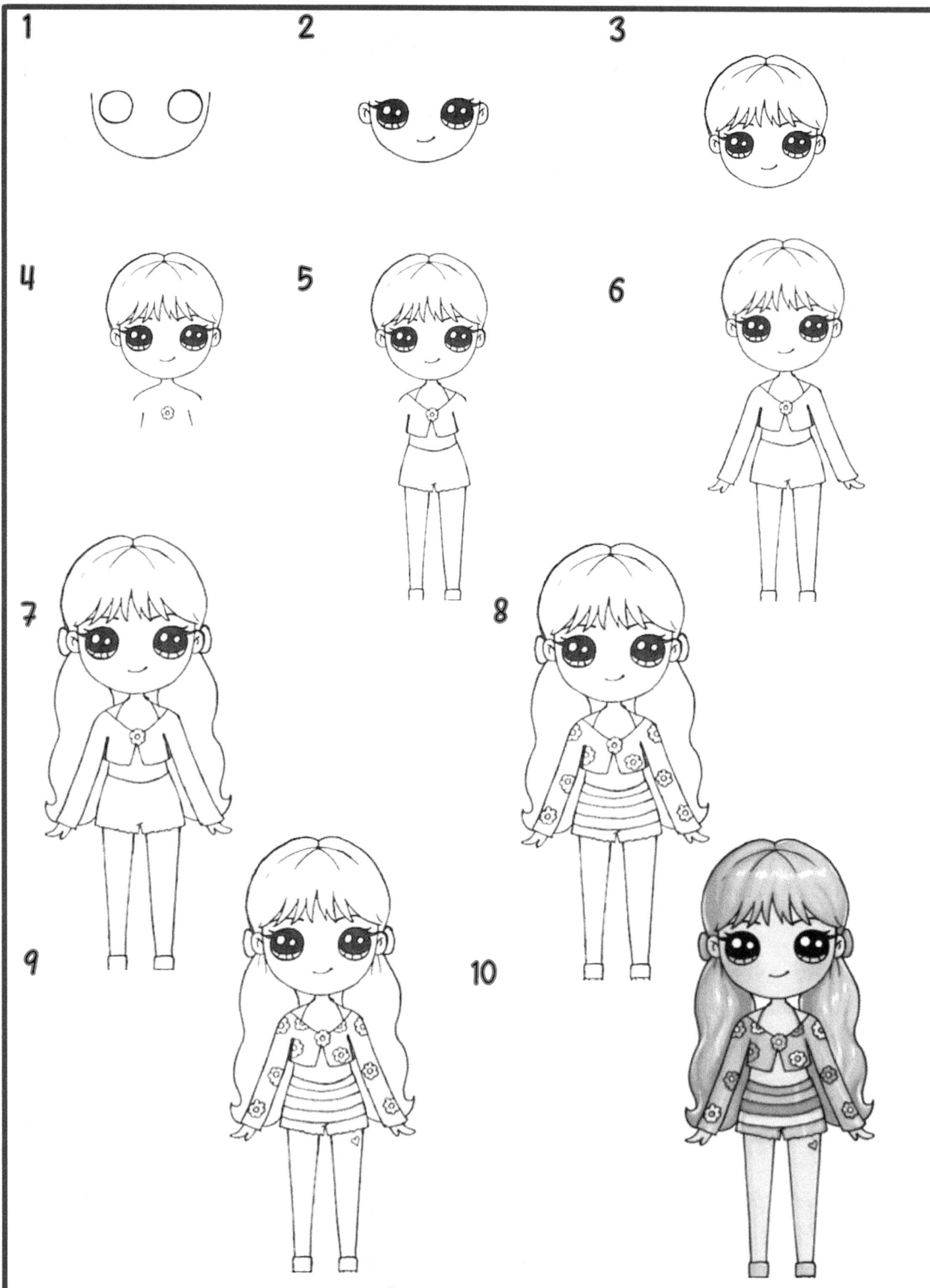

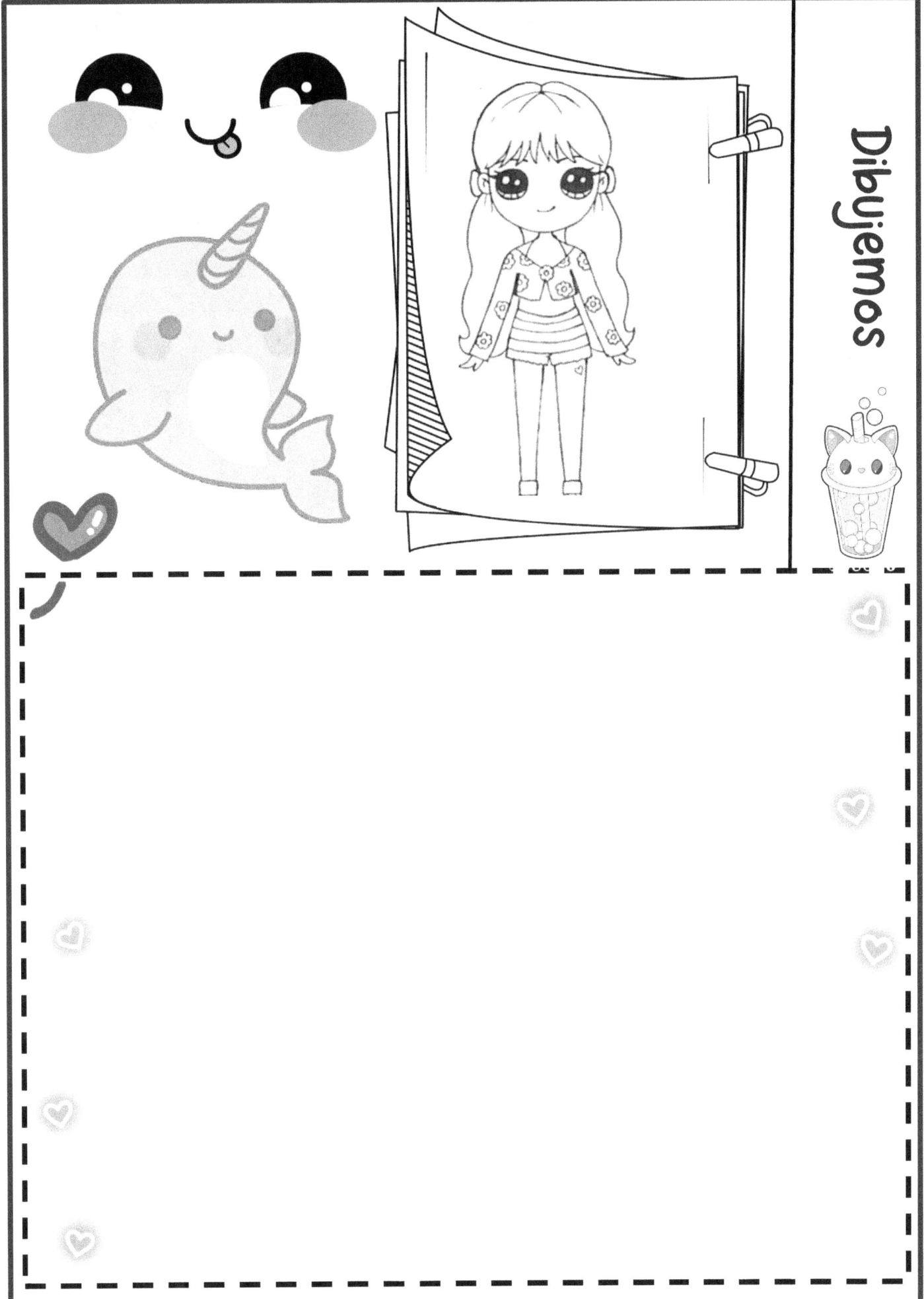

Dibujemos

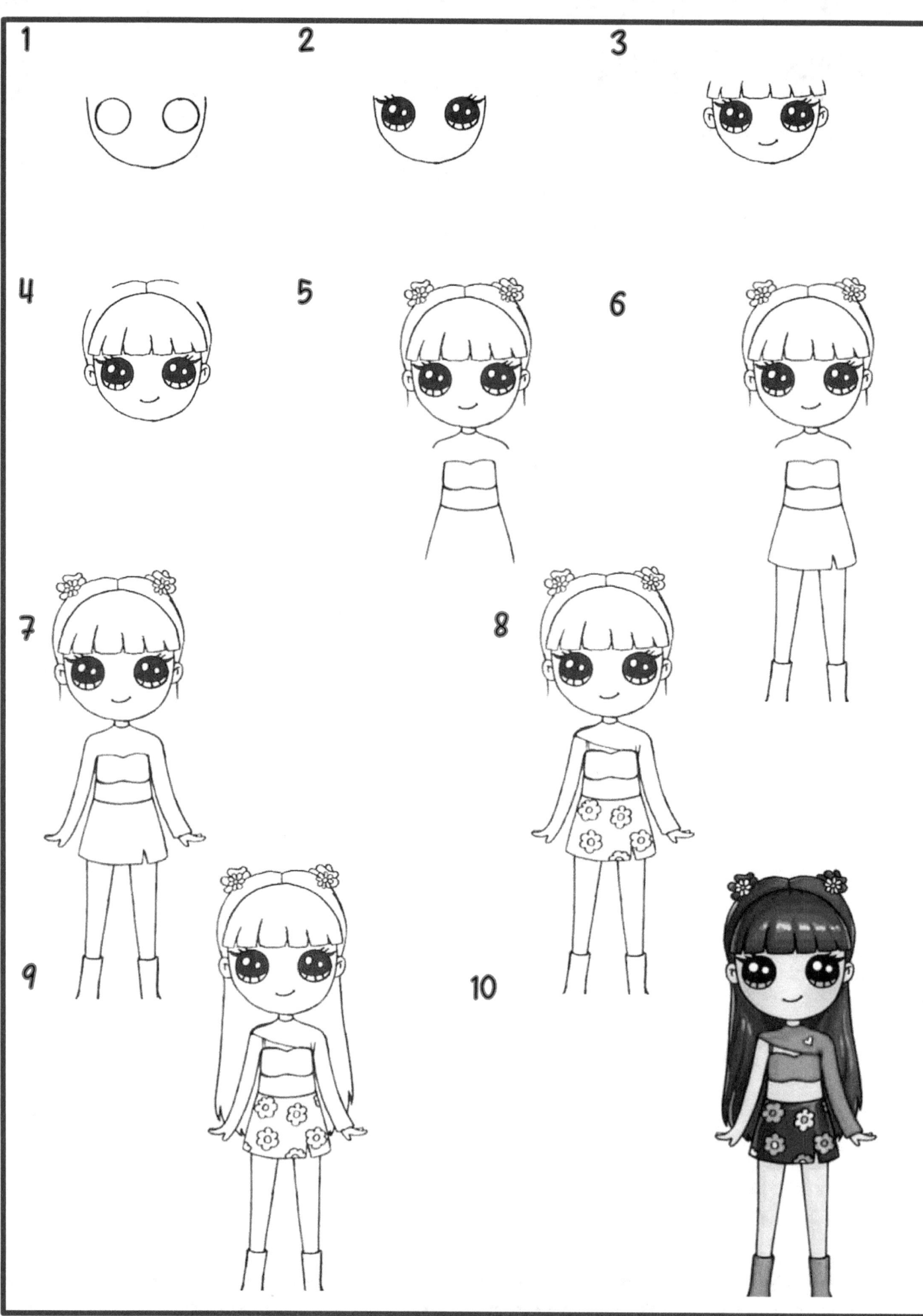

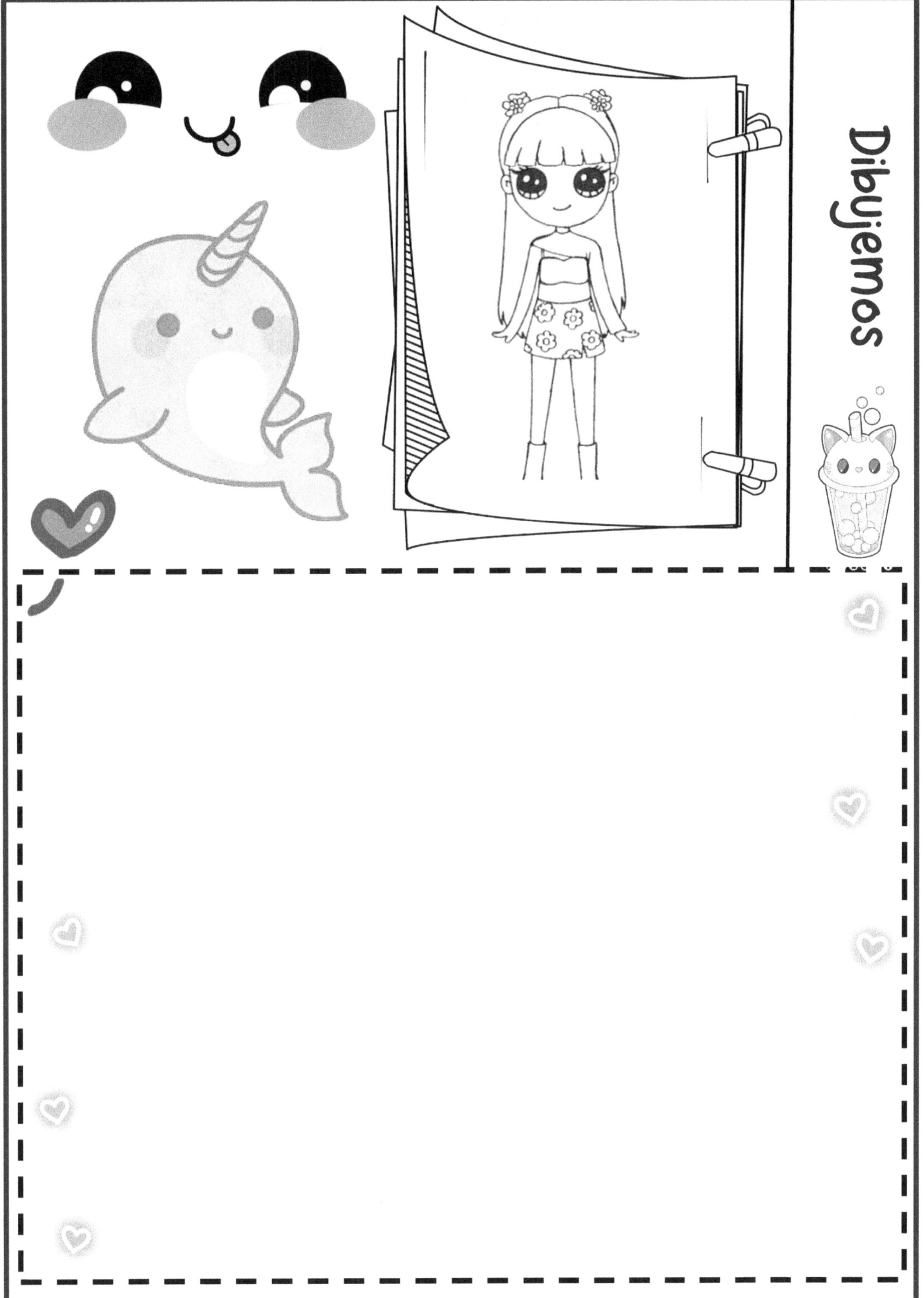

Dibujemos

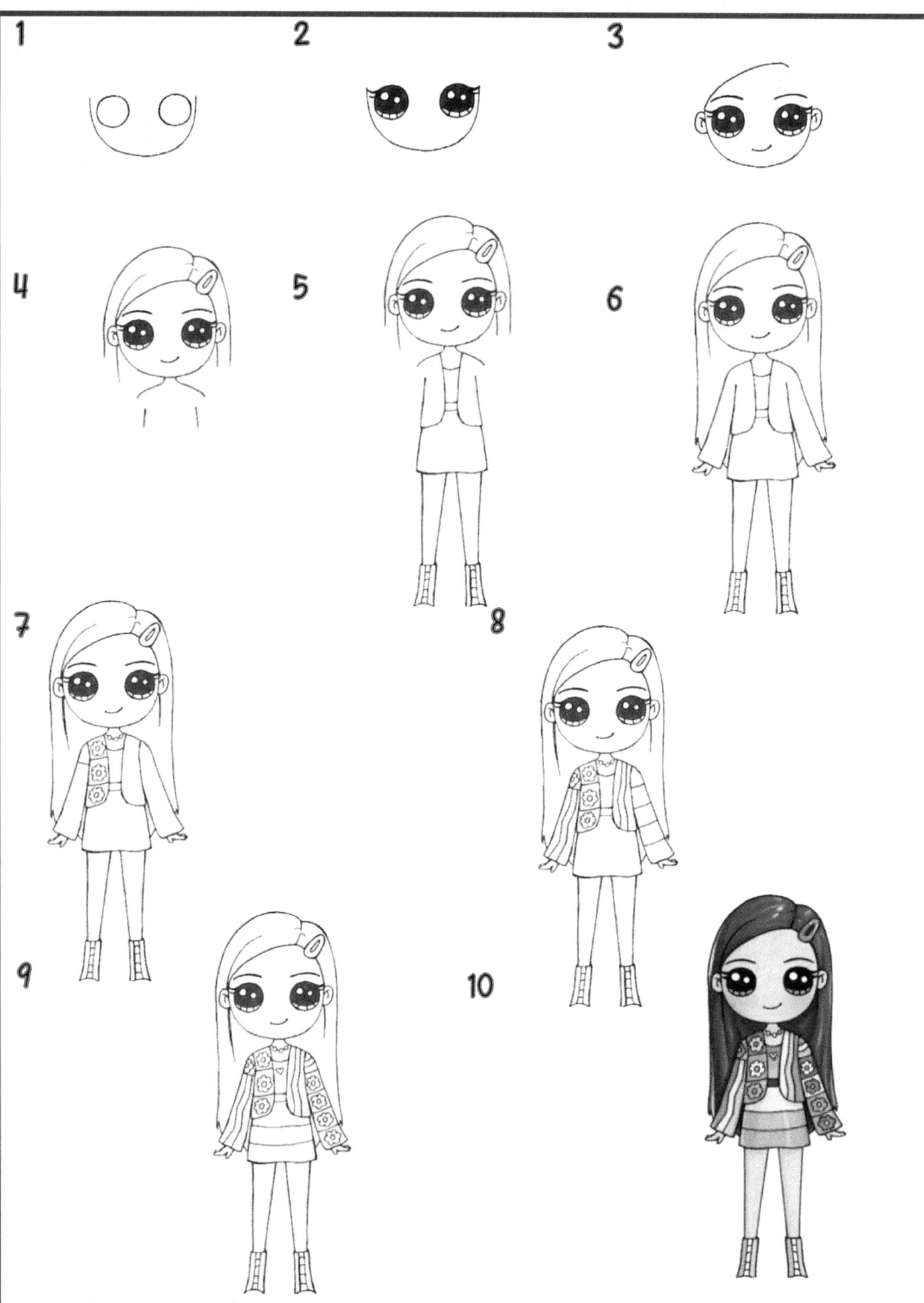

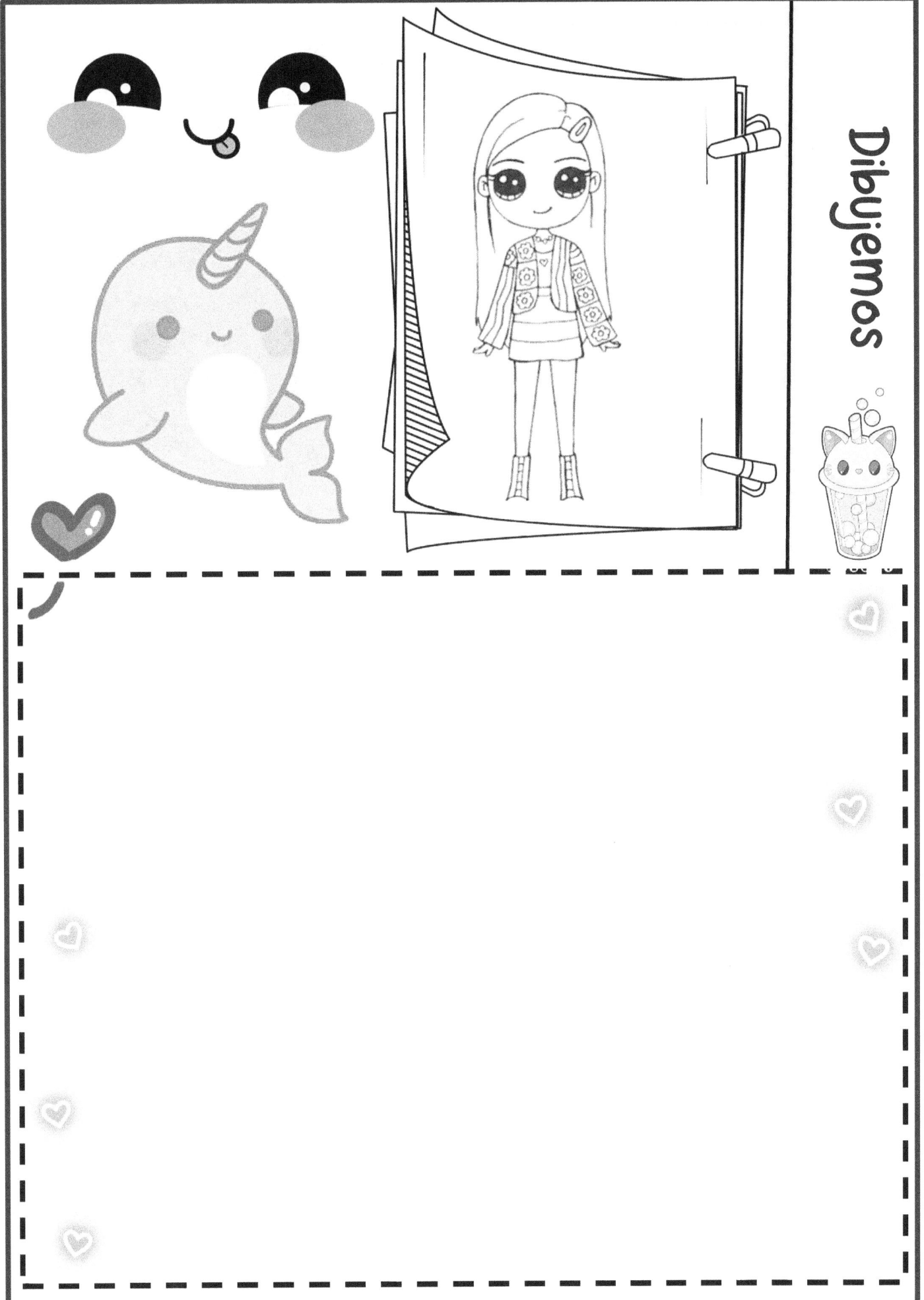

Dibujemos

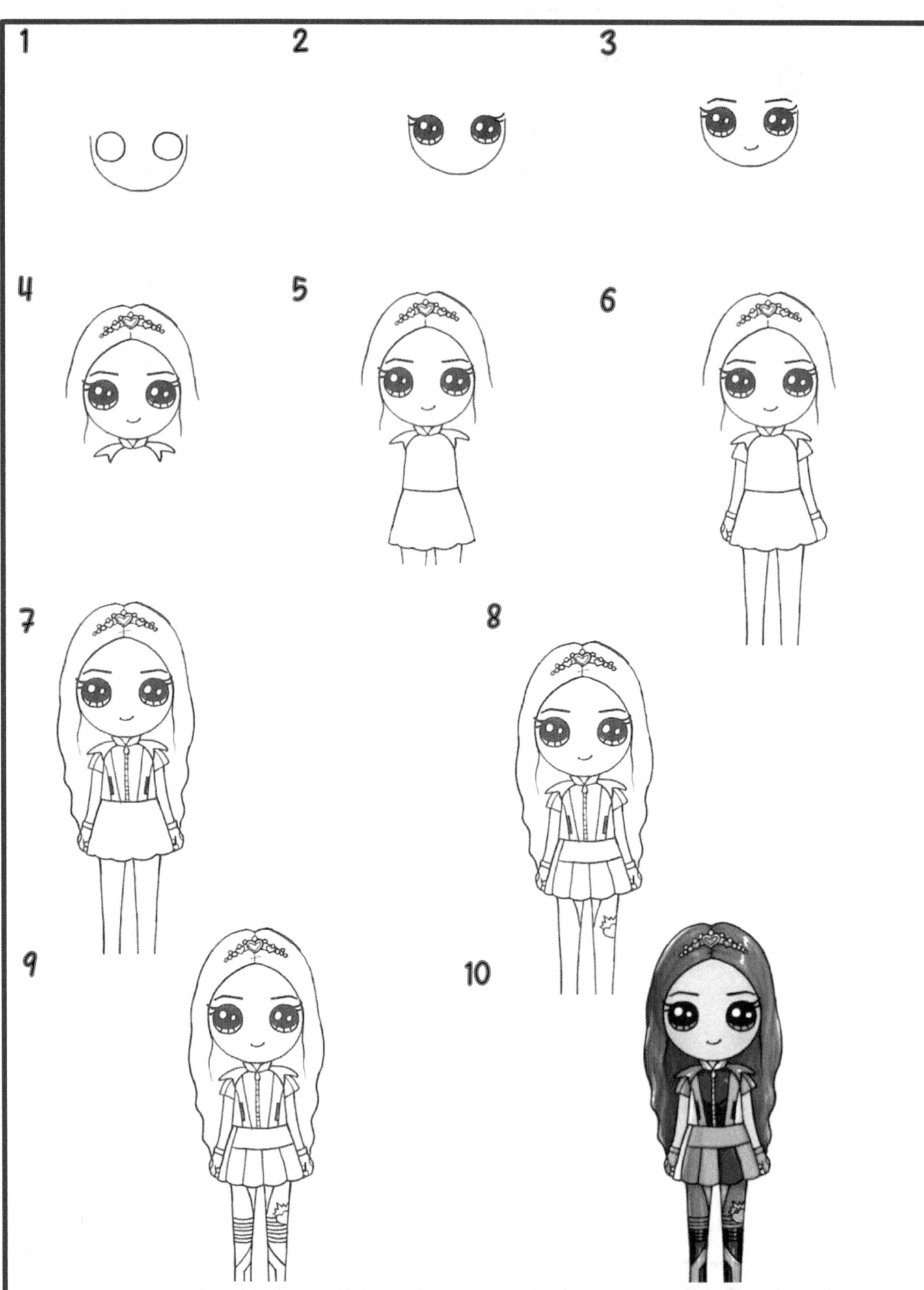

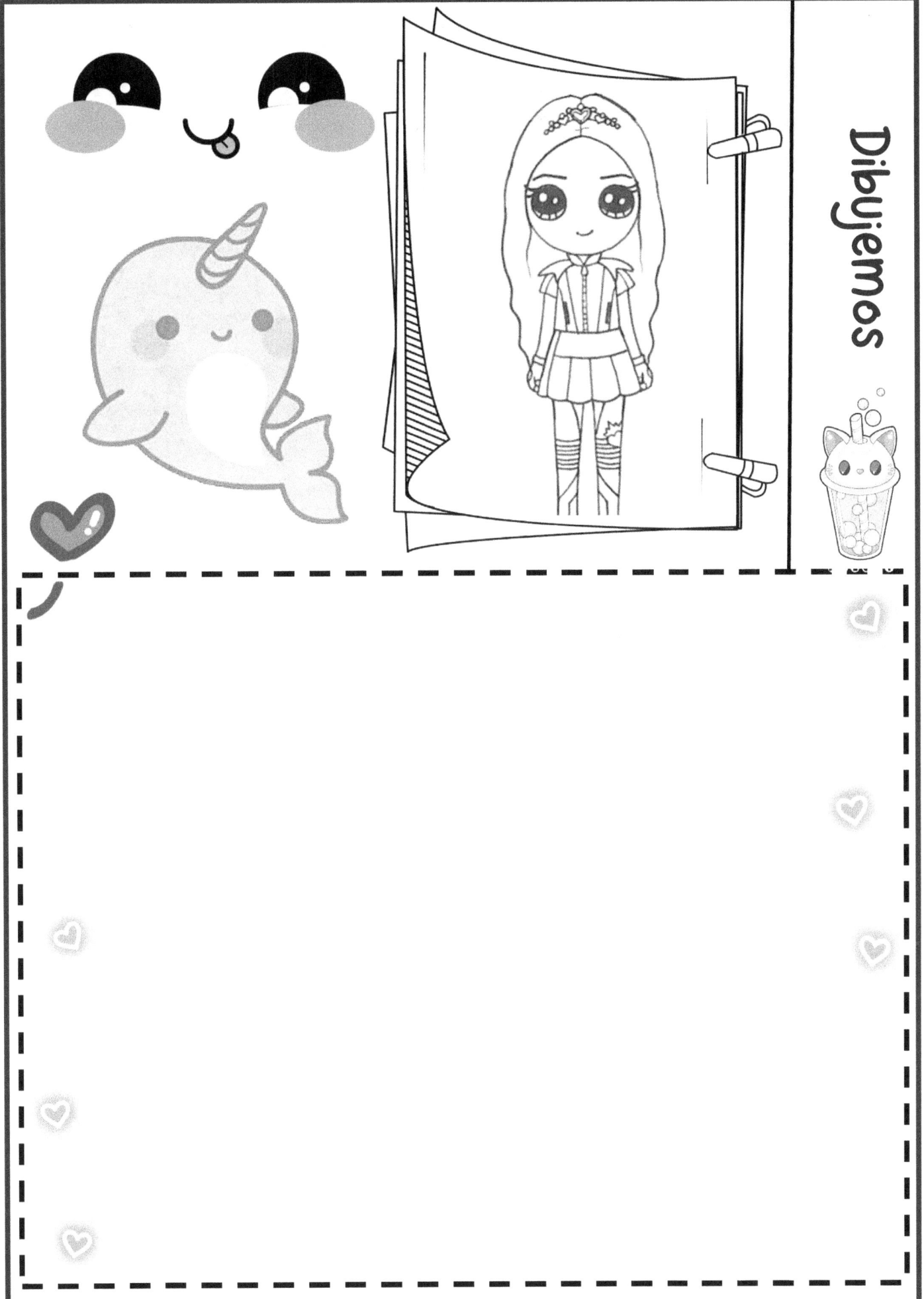

Dibujemos

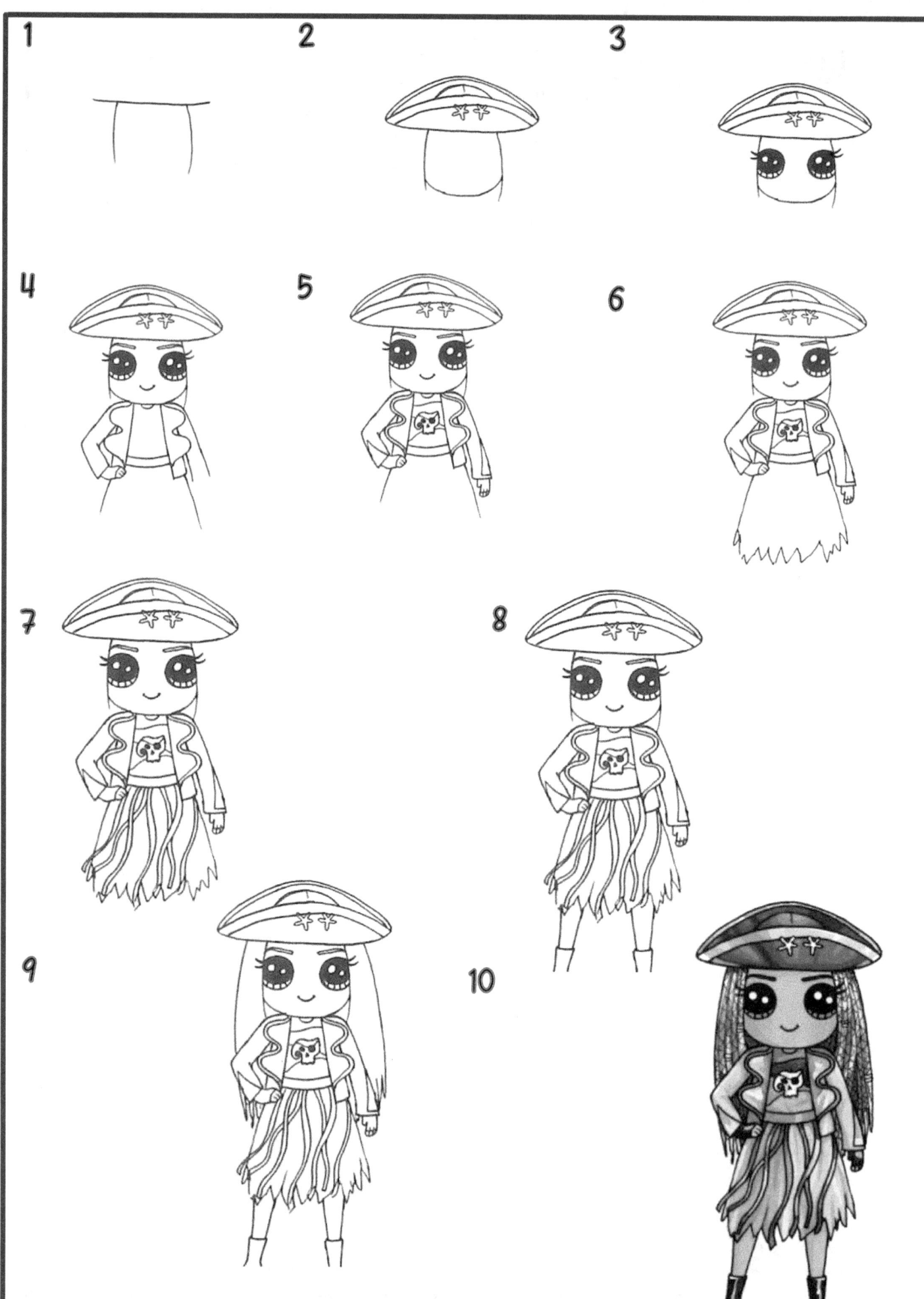

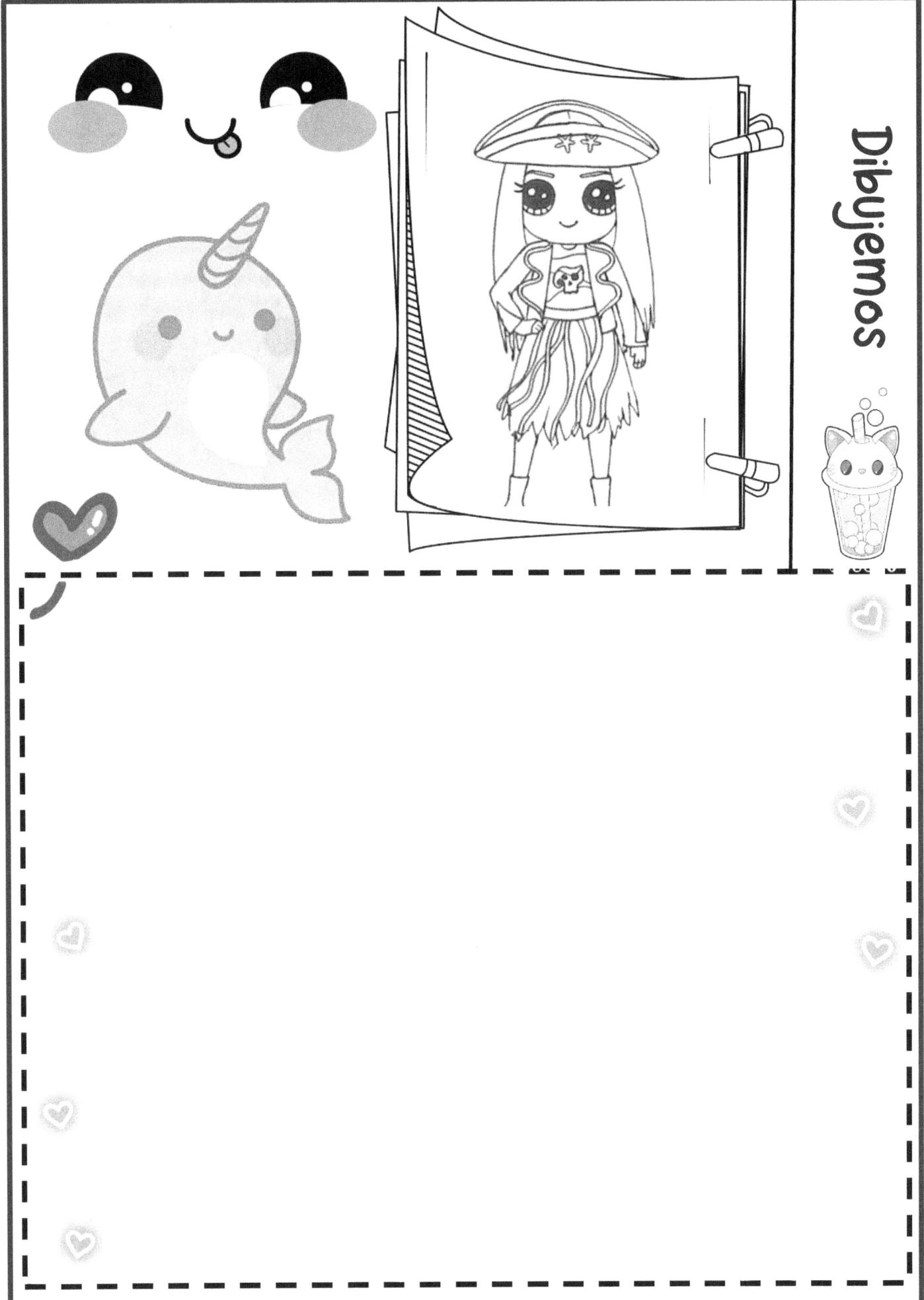

Dibujemos

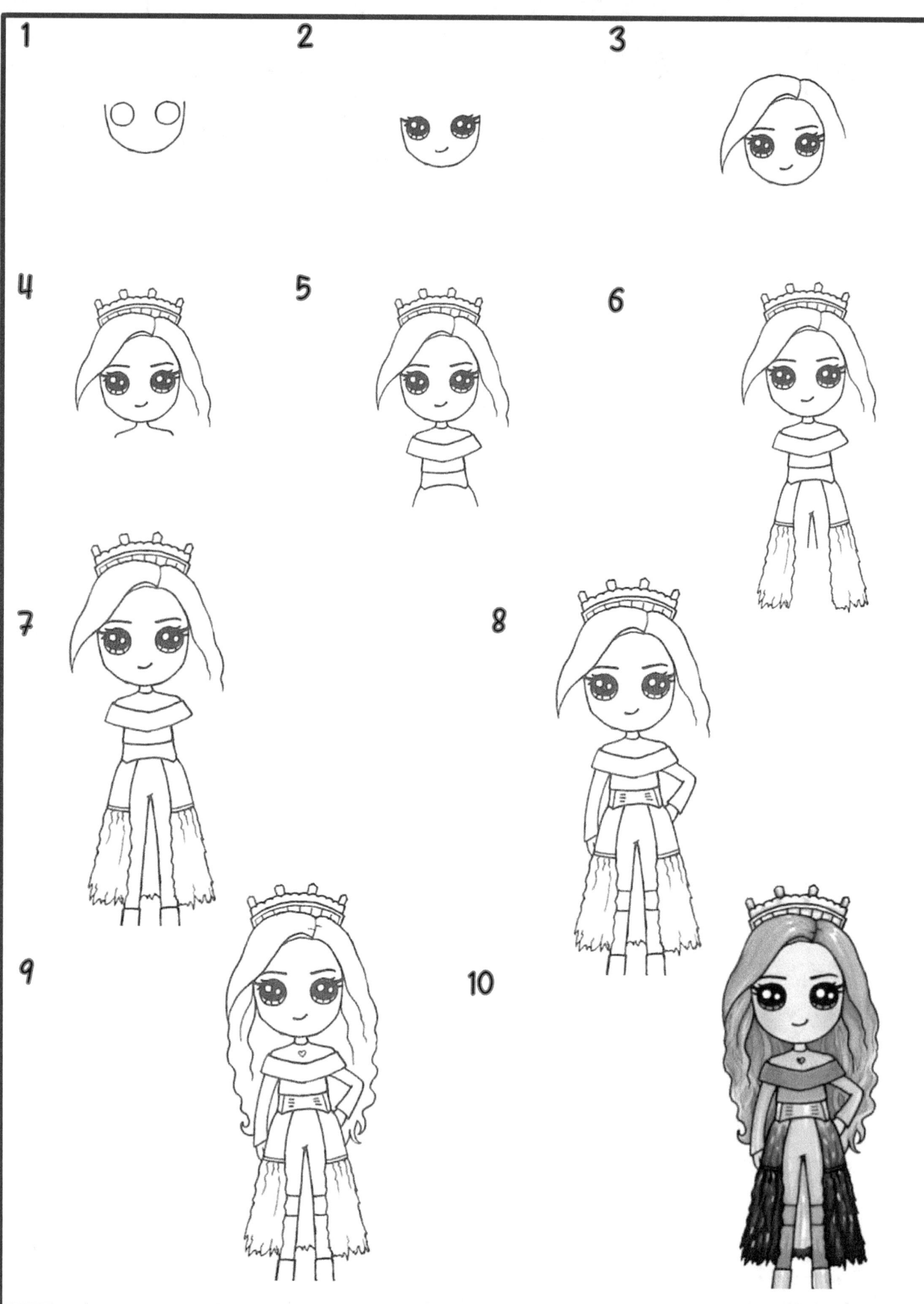

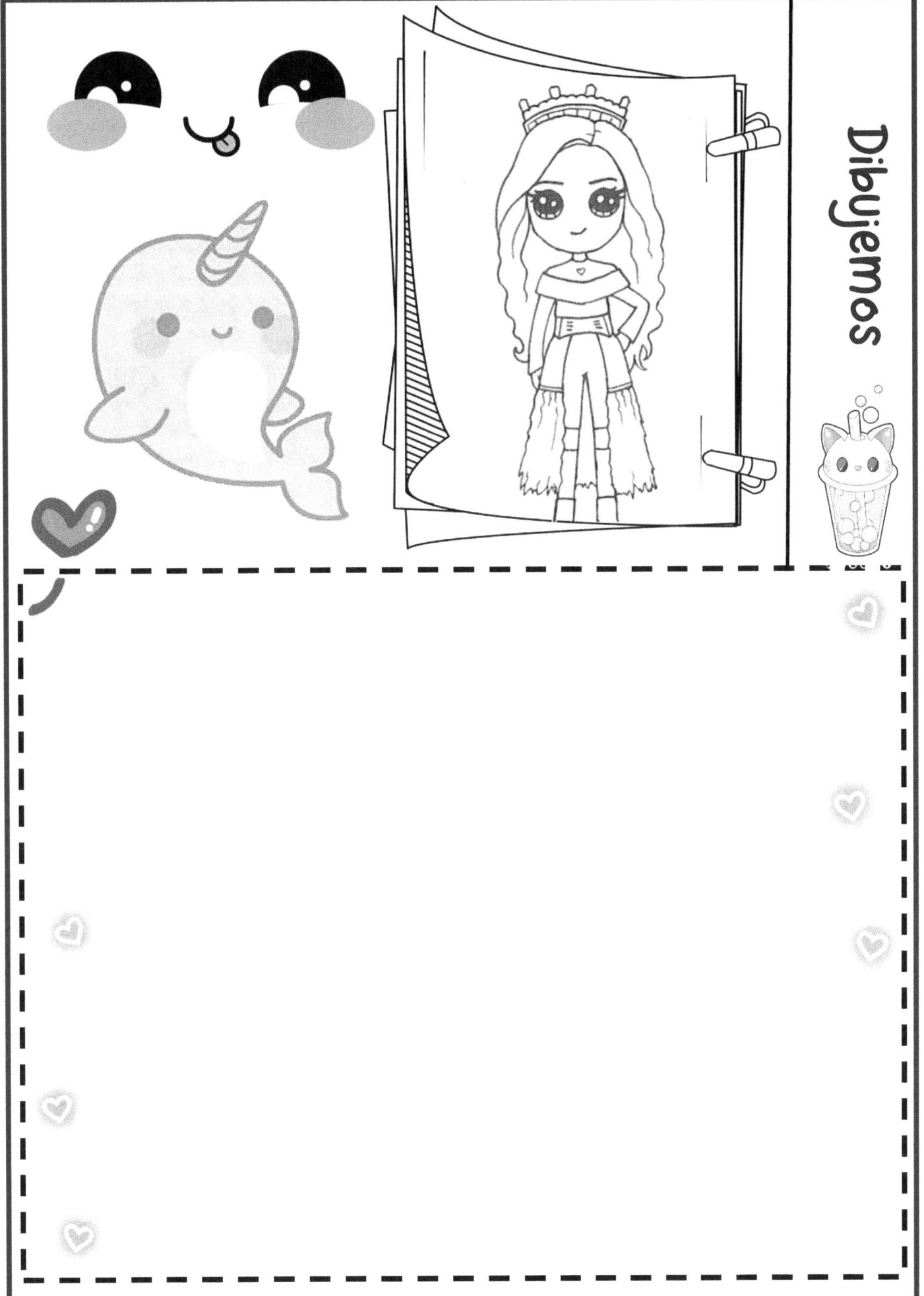

Dibujemos

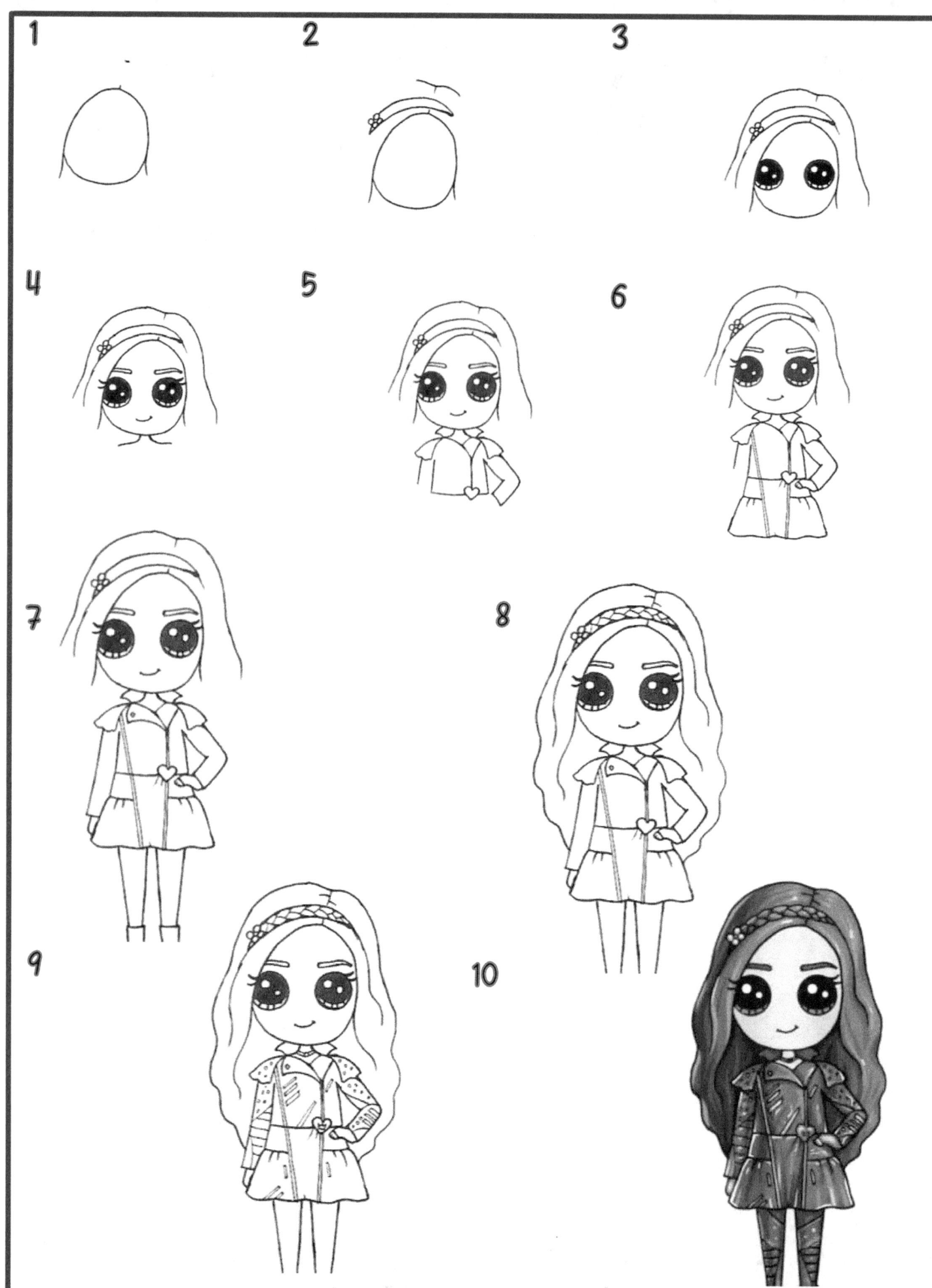

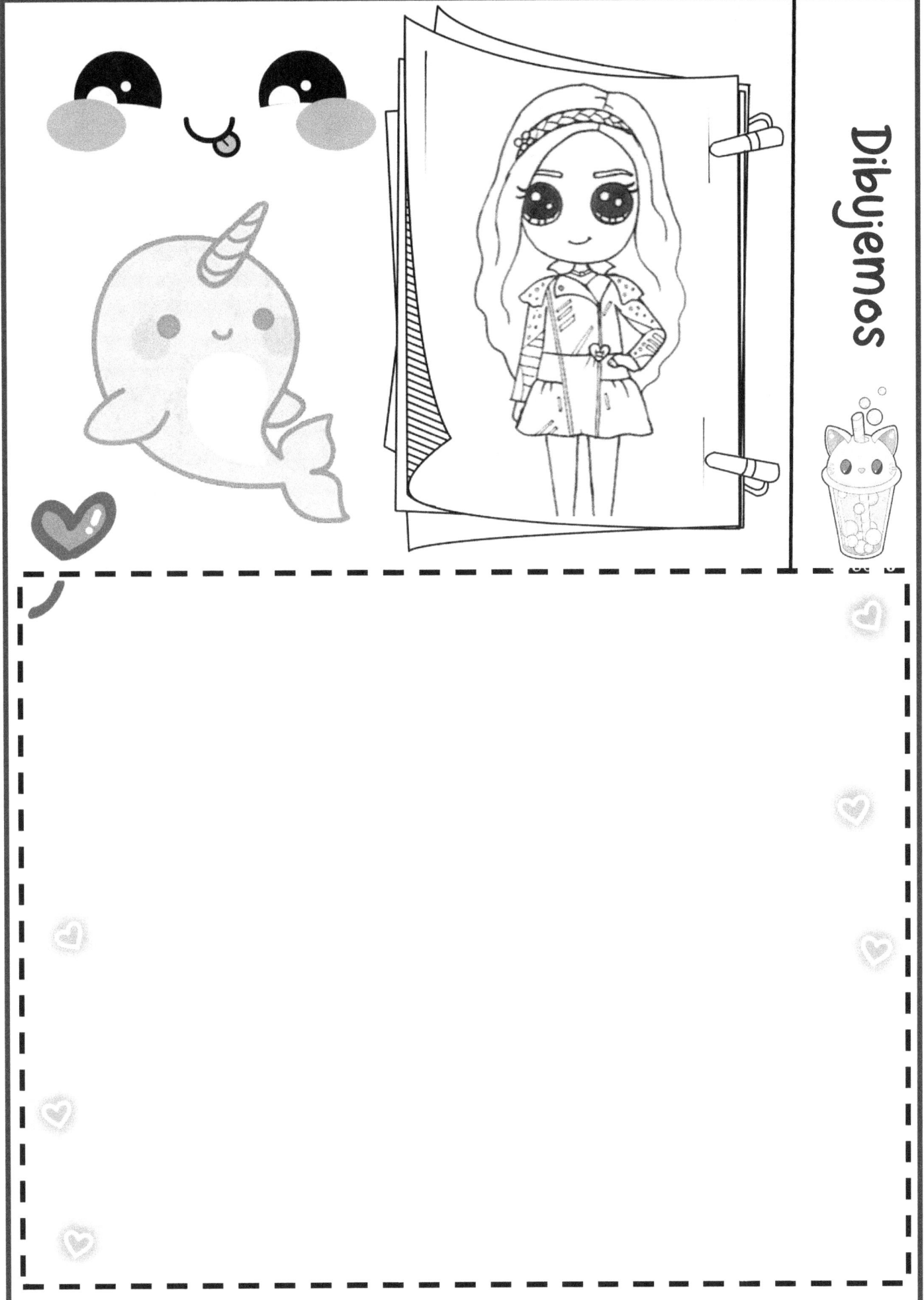

Dibujemos

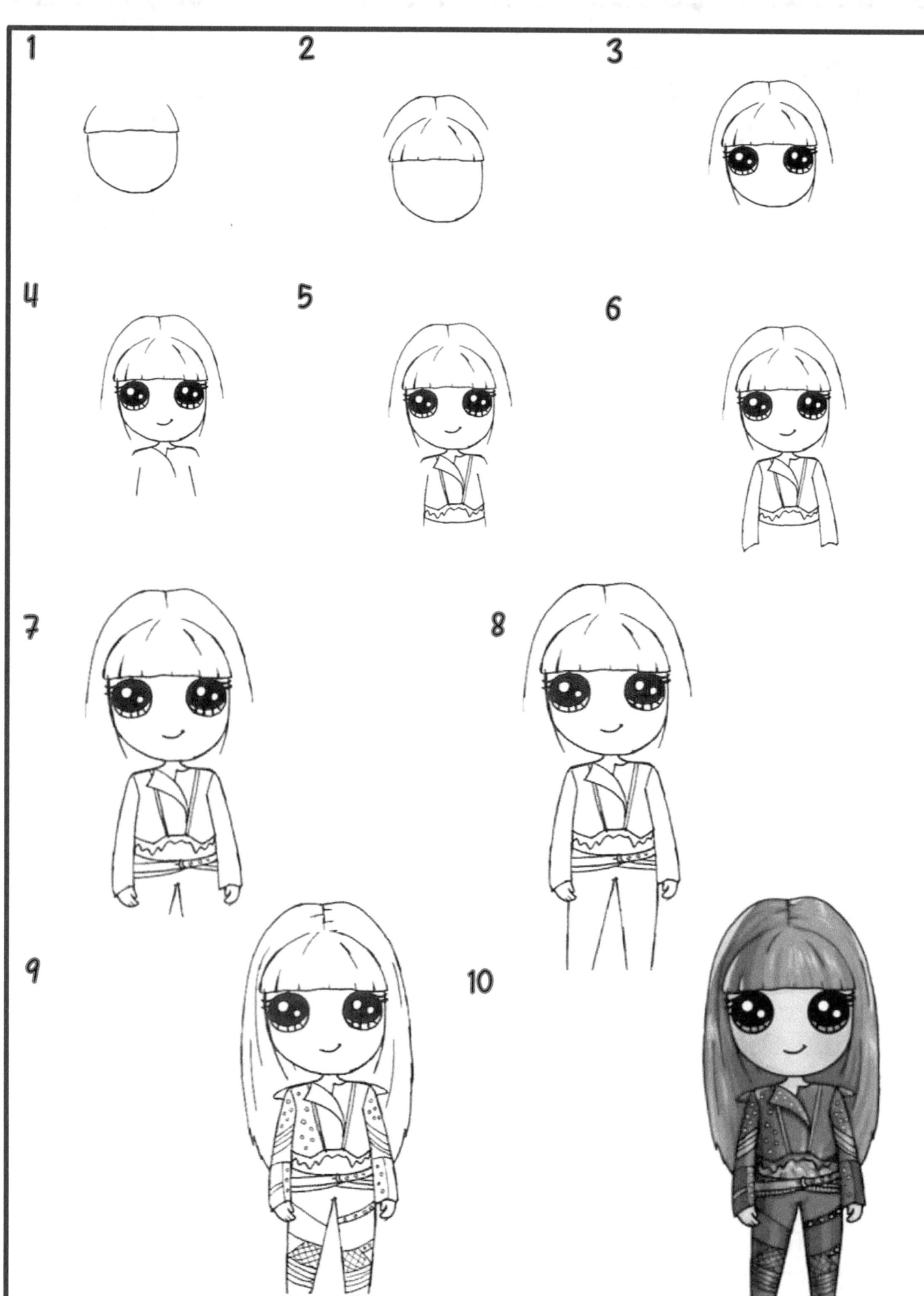

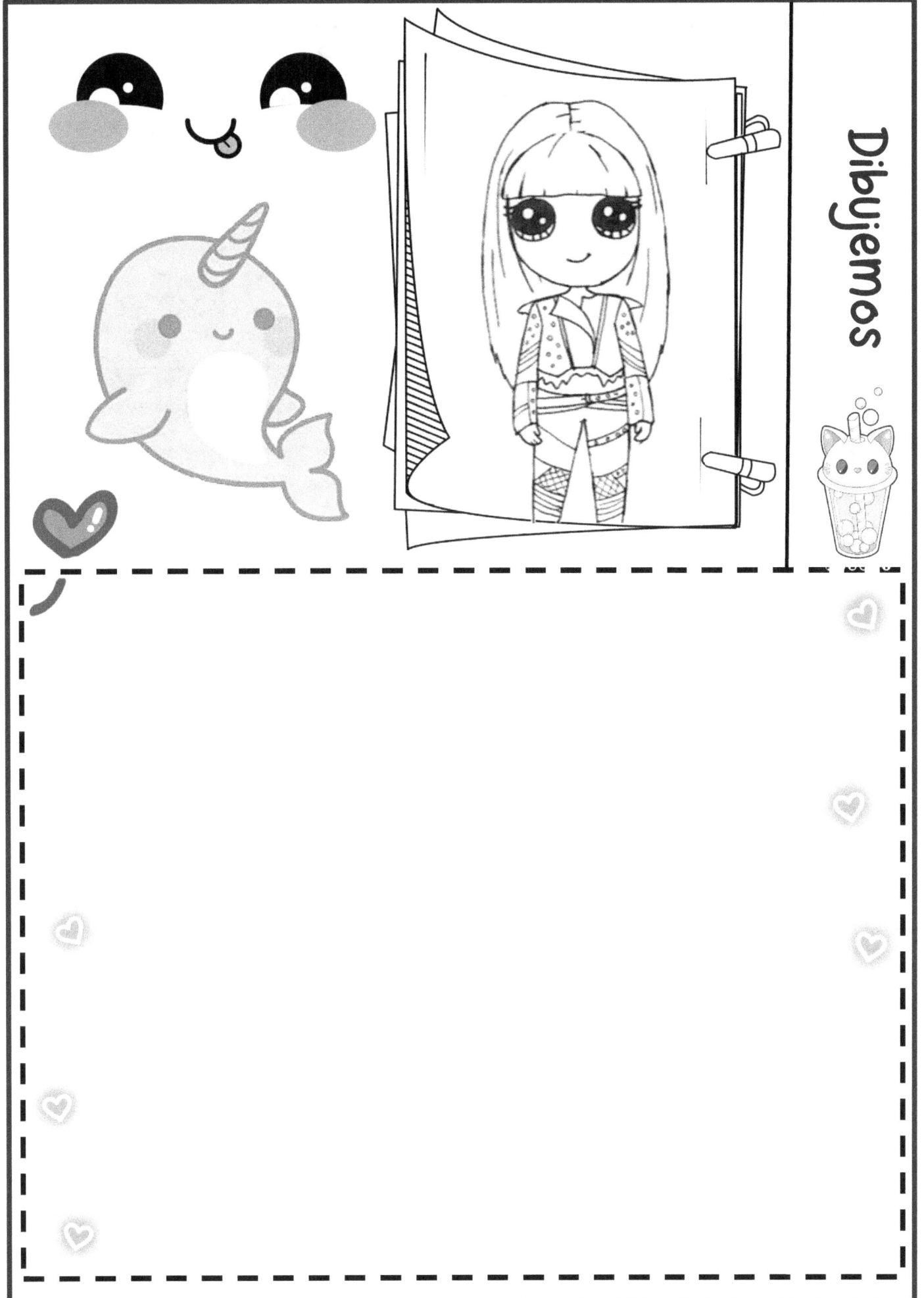

Dibujemos

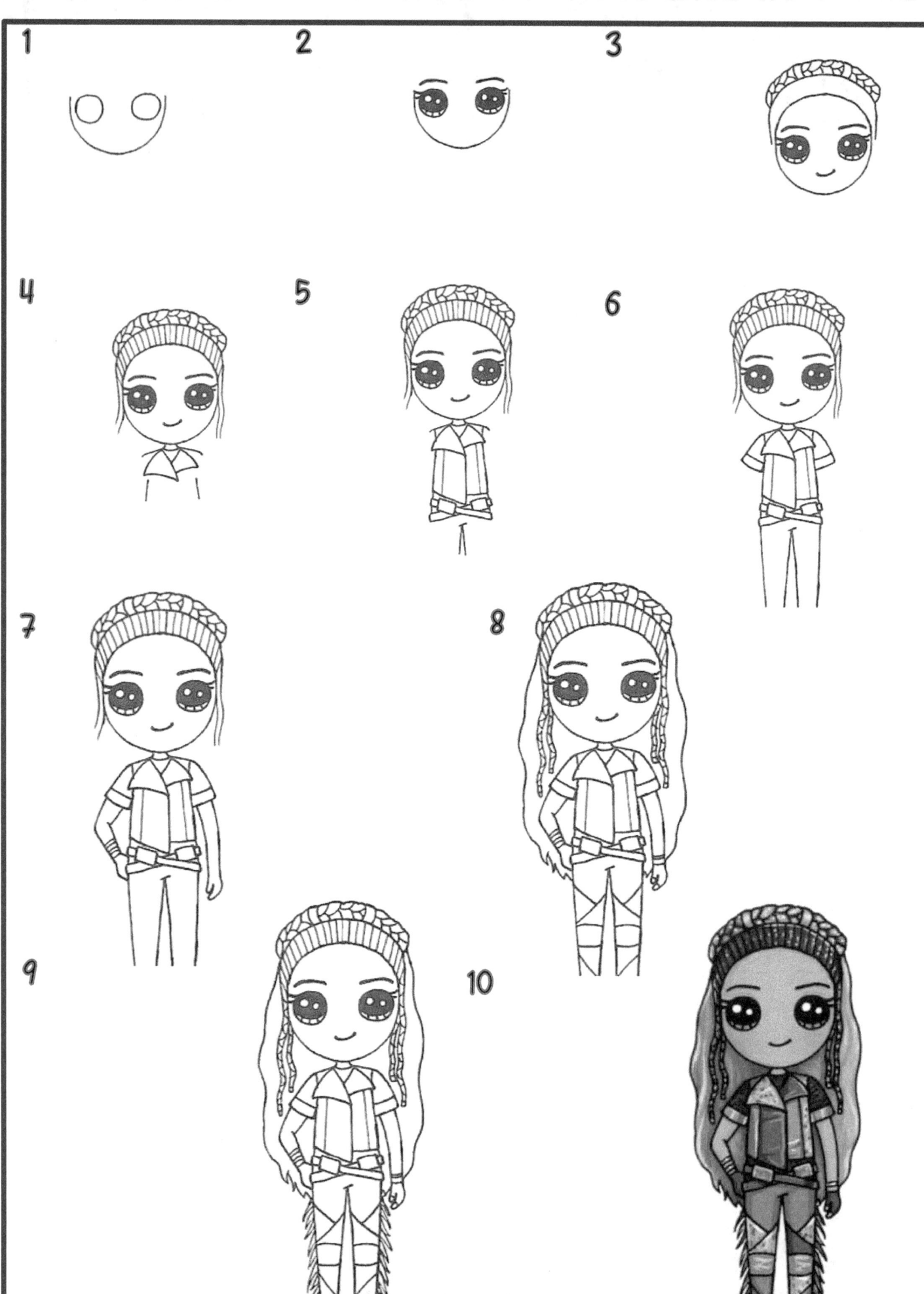

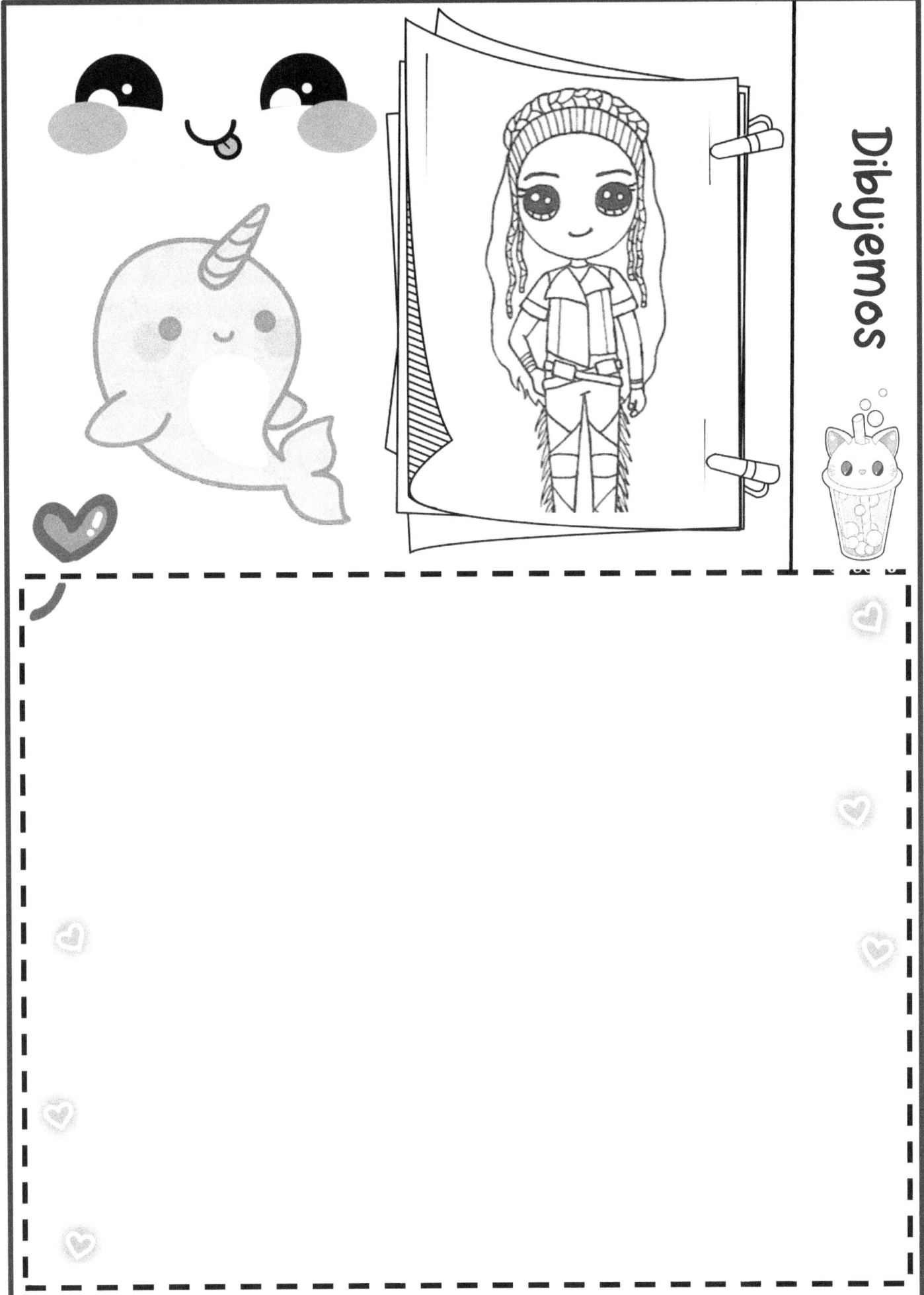

Dibujemos

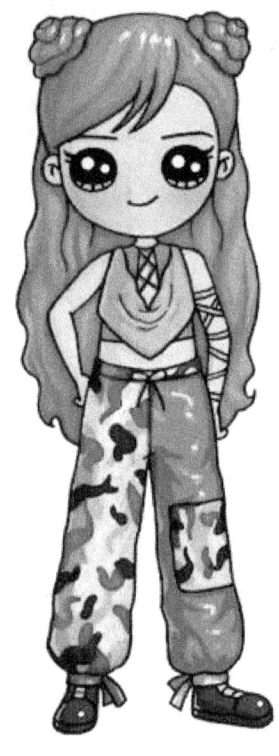
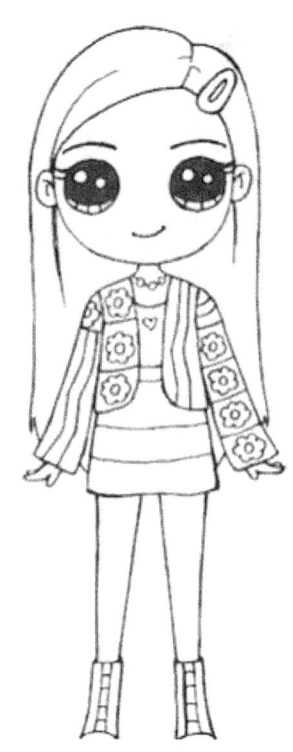

Gracias por elegir este libro. Esperamos que hayas disfrutado cada página de este libro y hayas aprendido a dibujar paso a paso y crear tu propio arte.

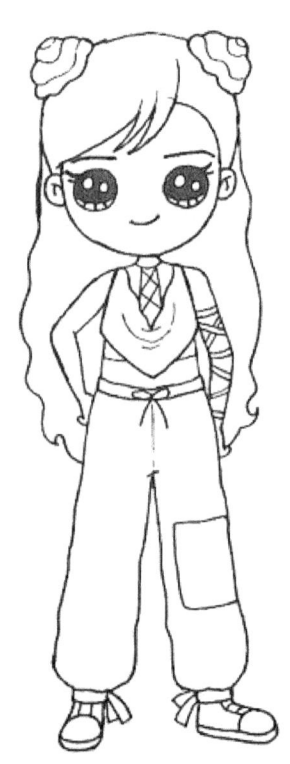
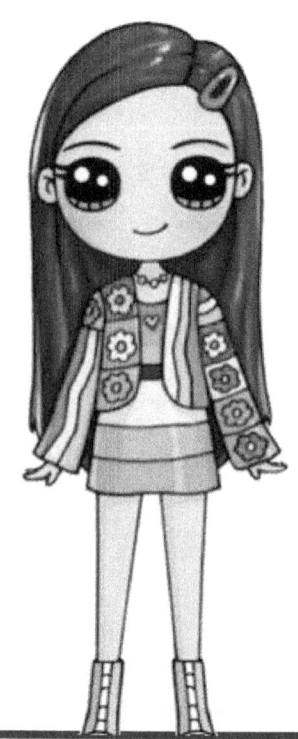